AF245823

# PROCÈS

## DES VINGT-HUIT INDIVIDUS

*Prévenus d'avoir participé aux mouvemens insurrectionnels qui ont éclaté dans le département du Rhône, dans les premiers jours de juin 1817;*

Comprenant : l'analyse de l'acte d'accusation et des débats de l'audience, ainsi que l'arrêt intervenu, suivi des différens arrêts rendus depuis le 8 juin dernier, par la Cour Prévôtale du Rhône, contre ceux qui ont dirigé les mouvemens, ou fait partie des bandes armées des campagnes.

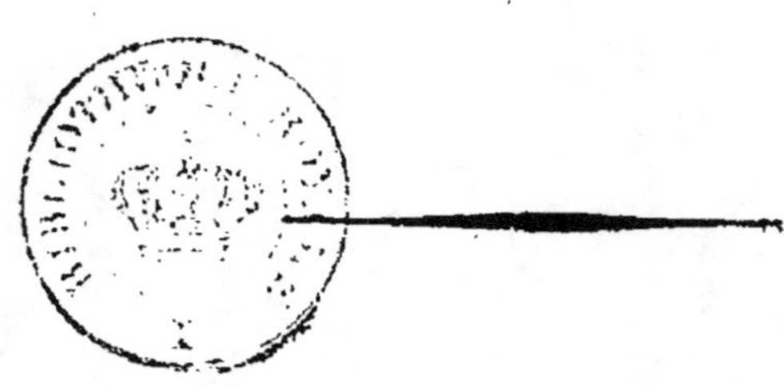

## LYON,

Chez **CHAMBET**, Editeur du *Conservateur Lyonnais*, tenant magasin de Pièces de théâtre et Cabinet littéraire, rue Lafont, N.º 2.

———

1817.

# COUR PRÉVÔTALE.

*Séance du 25 octobre 1817.*

Depuis long-temps le public attendait avec impatience l'ouverture déjà annoncée plusieurs fois des débats de l'affaire qui a occupé la Cour prévôtale. Il s'agissait du jugement des prévenus des mouvemens insurrectionnels qui ont éclaté les premiers jours de juin dernier, dans le département du Rhône.

L'ouverture était indiquée pour dix heures précises.

Des ordres avaient été donnés pour l'extraction des prisonniers. M. Joannon, M.<sup>me</sup> Lavalette, et un autre accusé sont amenés des prisons de St.-Joseph. M.<sup>me</sup> Lavalette arrive en voiture. Elle est escortée par deux chasseurs-lanciers. Les vingt-cinq autres prévenus sont amenés de la prison de Roanne.

Un fort détachement de gendarmerie occupe l'intérieur de la salle et le parquet. Un détachement de troupes de ligne forme la garde de la salle et de l'extérieur. Un piquet de cavalerie est en station sur la place.

La Cour, composée de MM. BERNAT, Président, Chev. de l'ordre royal de la légion d'honneur; HENRY DURAND, BALLEYDIER, COTTIER, et CARLES, juges; M. le Colonel DESHUTTES, Prévôt du département, et M. REYRE, Procureur du Roi, arrive; et les accusés sont introduits devant elle.

Les Défenseurs sont présens. Ce sont MM. Gras, Menoux, Guerre, Verdun, Hombron, Varenard fils, Beaugeard, Vernay, Passet, Meneux, Journel, Dagier et Leclerc.

L'audience a été ouverte par l'appel successif des prévenus présens, et par l'accomplissement des formalités servant à établir leur identité. Ensuite le Président ayant invité les accusés à être atteutifs à la lecture qui allait leur être faite, le greffier a lu les jugemens de compétence, et les arrêts confirmatifs.

Aux questions d'usage le Président ajoute à chaque accusé celle-ci : *avez-vous servi ?* Plusieurs répondent affirmativement.

Tous les regards des personnes admises dans l'intérieur du parquet, et sur les bancs ou sièges, à la gauche et à la droite des Magistrats, se fixent sur les divers accusés, et particulièrement sur M.<sup>me</sup> Lavalette, que son sexe, sa jeunesse, et le sourire ingénu qui accompagne ses premières réponses, rendent intéréssante.

M.<sup>me</sup> Lavalette déclare être âgée de 28 ans. Son mari est détenu au Château-d'If.

Les Défenseurs sont debout. Le Président leur annonce que la loi ( art. 311 du Code d'instruction crim.) le charge de les avertir, qu'ils ne peuvent rien dire contre leur conscience ou contre le respect dû aux Lois, et qu'ils doivent s'exprimer avec décence et modération.

Le Président fait un résumé court et succinct de l'affaire, de ce projet, tendant, dit-il, à donner un autre chef au gouvernement.

Les *huissiers* font l'appel des témoins cités à la requête du Ministère public. Plusieurs accusés ont fait notifier au Procureur du Roi les listes des témoins à décharge, qu'ils se proposent de faire entendre. On remarque l'absence d'un témoin important, le nommé *Leprieur*, mis en liberté, et relevé de la peine capitale par lui encourue, à cause de ses *révélations utiles*, suivant l'arrêt rendu contre Tavernier et autres, des communes d'Anse et de Trévoux.

On procède à la lecture de l'acte d'accusation.

Nous allons extraire de cette dernière pièce les faits principaux qui y sont renfermés, et dont le narré donnera une idée des préventions qui pèsent sur les accusés. — Nous observons que ce qui va suivre est l'extrait fidèle de l'acte d'accusation, que nous ne faisons qu'analyser.

Une vaste conspiration ( dit le Ministère public dans cet acte ) dont toutes les ramifications ne sont pas connues, et dont le but direct était le renversement

du Gouvernement royal, et le rappel de l'usurpateur
et de son fils, avait Lyon pour un de ses points cen-
traux. Elle a eu un commencement d'exécution dans
la ville où tout fut disposé pour l'attaque, et dans
les campagnes où éclatèrent des mouvemens séditieux
vers les premiers jours de juin. Les révélations qu'on
a obtenues successivement, soit de plusieurs comman-
dans des bandes armées des campagnes, soit des
personnes qu'ils ont indiquées, les déclarations et les
aveux d'un grand nombre de coupables, ne permettent
pas de douter de la vérité des faits qui vont être
détaillés. La conspiration de Lyon est, pour ainsi dire,
la suite de celles qui eurent lieu dans la même ville,
et dans celle de Grenoble, et dont les chefs connus
étaient Didier et Rosset. Ce qu'il y a de certain,
c'est que plusieurs des conjurés avaient été initiés
dans ces conspirations ; en avaient été les agens, et
que dans leurs réunions ils ont souvent témoigné
leur étonnement de ce que *Simon* ne les avait pas
dénoncés à la justice. De ce nombre sont Bernard,
Taysson, Joannard, Burdel et Mermet ( fugitifs ).
— Il existait à Lyon, à ce qu'il paraît, trois comités :
le comité supérieur comptait parmi ses membres les
individus suivans : Bernard, Joannard, et Joannon
fils. Le second comité présidé par Taysson, était
composé de Barbier, Cochet, des deux frères Volozan,
Bonand et Burdel. Cochet, quelques jours avant le
8 Juin, fut admis dans le comité supérieur, d'où il
transmettait les ordres et les nouvelles à ses premiers
collégues. Le troisième comité était celui à la tête
duquel était *Jacquit*, un des plus ardens et des plus
audacieux conjurés, un de ces hommes qui ne
connaissent aucun obstacle. Il avait un secrétaire dont
le nom est inconnu, et était entouré de nombreux
sicaires, qu'il appelait son état-major : le nommé
Flacheron en était le chef. Ce Jacquit se décorait lui-
même du titre de colonel ; sa mission principale
était d'organiser le mouvement des communes rura-
les, et c'est sous ses ordres qu'étaient les chefs de
bandes armées des campagnes, Valençot, les deux
frères Tavernier, Nesme, Oudin, Garlon, etc. Ils

venaient tous souvent à Lyon recevoir les instructions de Jacquit et celles de *Vernet*, l'un de ses lieutenans. Les membres de chaque comité ne devaient point communiquer avec ceux des autres comités. Chaque membre avait sous ses ordres deux ou trois sous-chefs, hommes de confiance, qui, selon son caprice, se disaient majors, ou chefs de bataillons ; ceux-ci avaient également sous leurs ordres huit ou dix autres hommes, qui enrôlaient un certain nombre d'individus qu'ils commandaient. Ces subalternes étaient inconnus aux chefs des comités. Chacun dans son grade ne communiquait qu'avec son chef immédiat. Le comité supérieur correspondait avec M.me Lavalette, épouse de celui qui fut condamné l'année dernière en dix ans de bannissement. Cette dame habitait Paris, et avait des conférences chez elle avec des généraux dont on ignore le nom, et avec d'autres personnes qui prenaient une part très-active au complot. Elle encourageait par ses lettres les conjurés, leur donnait des instructions, des nouvelles, et la voie dont elle se servait pour sa correspondance avec Joannon, Mermet, Bouand, Bernard et Joannard, était tantôt celle de la poste, tantôt un courier nommé Moulin. Il y avait un style convenu, et la conjuration était désignée en termes empruntés du commerce.

Les réunions des comités n'avaient point de lieux fixes. C'était tantôt chez l'un des membres qu'on s'assemblait, tantôt dans un café, ou chez un traiteur. Le second comité se forma au café des Bains, rue Ste. - Croix. Taysson présidait, et Barbier était secrétaire. Dans un déjeûner, rue du Garet, où se trouvaient tous les membres du comité, Cochet sortit de sa poche un poignard, sur lequel chacun jura de perdre plutôt la vie, que de dénoncer aucun des conspirateurs. Ils promirent aussi, sous la foi du serment, que dans le cas où l'un d'eux serait arrêté, les autres se cotiseraient pour lui fournir des secours. Outre ce serment prêté dans les autres comités, on imagina un autre moyen d'effrayer quiconque concevrait l'idée de révéler le complot : on assurait qu'il existait un tribunal secret, chargé de frapper les parjures, qu'une grande partie des Autorités était affiliée à ce tribunal, que déjà plusieurs individus avaient disparu, qu'on avait trouvé des cadavres aux Brotteaux et à la Pêcherie, avec un poignard autour duquel était cette inscription : *Voilà la récompense des traîtres*. Il était ordonné aux chefs d'entretenir chez leurs subalternes la terreur que de tels récits devaient inspirer. Jacquit était, disait-on, à la tête d'un comité appelé exécutoire, qu'on supposait chargé avec la police de l'exécution des arrêtés du tribunal secret. L'effroi que ces idées durent jeter dans les ames, donna de la sécurité aux conspirateurs. Il s'agissait d'exécuter. L'impatient *Jacquit* avait fixé au dimanche 1.er juin le mouvement général qui devait avoir lieu ; il avait déjà donné ses ordres aux chefs des bandes armées des campagnes ; il les révoqua, après une longue et vive résistance, sur les observations qui lui furent faites par Taysson et Barbier. En leur cédant, il observa qu'il ne pouvait pas se jouer de ceux dont il tenait les ordres, qu'il lui fallait une garantie, et que ceux qui n'agiraient pas de concert avec lui le dimanche suivant, périraient de sa main. Le motif du délai était de compléter les préparatifs nécessaires pour assurer la réussite de l'entreprise dans l'intérieur de la ville. Il est possible aussi que le comité supérieur eût des instructions particulières, et ce qui le fait présumer, ce sont les paroles de Jacquit, que nous venons de rapporter, et une conversation entre ce dernier et Bernard, dont on pourrait inférer qu'ils n'agissaient pas sous le même chef. Quoiqu'il en soit, les préparatifs qu'on acheva, consistaient en distribution d'argent et de cartouches, et en mesures prises pour se procurer des armes. La procédure parle de sommes qui auraient été fournies par divers particuliers, tels que Bernard et Joannard. Barbier confesse avoir reçu, 1.º 100 francs de Taysson, qui lui déclara qu'il venait d'en recevoir 500 à la place du Change, 2.º 821 f. 50 c. qui lui furent comptés par Joannard et *Bernard*. Cet argent devait être distribué aux agens subalternes; mais Barbier s'appropria la dernière somme. Volozan cadet confesse également avoir reçu de Taysson 150 f. pour la même destination. Barbier déclare en outre avoir entendu dire à *Jacquit*, *Flacheron et Taysson*, que le 8 juin il avait été distribué beaucoup d'argent, à Jacquit en particulier, qu'il avait reçu 1200 f., qu'il y en avait 500,000 déposés chez un notaire, où ceux qui en avaient besoin pour enrôler, pouvaient en aller prendre. Taysson remit en outre 30 f. à Burdel pour acheter des cartouches. Il a prétendu dans ses interrogatoires que tout l'argent qu'il donnait provenait de ses économies. Cependant il s'est vanté plusieurs fois, devant ses complices, d'avoir pour appui des négocians et des banquiers. En ce qui touche les armes, continue toujours le Ministère public dans l'acte d'accusation, il était facile de s'en procurer- Il en existe un grand nombre chez les particuliers ; Lyon ayant été deux fois le théâtre de la guerre, les troupes françaises et alliées y ont laissé beaucoup d'armes. Plusieurs des conjurés faisaient ou avaient fait partie de la garde nationale, et leurs fusils étaient restés chez eux. Ces armes devaient être déposées dans des endroits cachés ; on en avait mis dans des batteaux. On comptait d'ailleurs sur le désarmement des postes de la garnison, et il entrait dans le plan de s'emparer de l'arsenal. A l'égard des cartouches, il y en avait aussi chez les particuliers , et il en fut distribué d'ailleurs un grand nombre. Il paraît que Jacquit en faisait faire à Perrache. Le 7 juin il fit transporter de la poudre par *Granger* chez *Ravinet*, aubergiste à Vaize; mais comme les balles manquèrent, il n'y fut point fait de cartouches, s'il faut s'en rapporter à Ravinet et à Granger. Bernard en remit douze paquets à Barbier. *Verdun* fut chargé par Burdel de sonder M. *Arban*, artificier, pour savoir s'il voulait faire des cartouches ; on en désirait trente à quarante mille. Sur le refus d'Arban, on s'en procura ailleurs. Il en fut aussi distribué à Vaize dans un clos par Jean-Pierre *Gagnère*. Deux témoins l'ont déposé dans l'instruction. Il en a été trouvé au pouvoir de *Coindre*, de même qu'en celui de *Manquat, Gervais* et *Perraud*, individus qui le 8 juin furent rencontrés par le sieur *Crévat*, qu'ils prirent pour leur chef, et à qui ils annoncèrent qu'ils faisaient partie du poste destiné à s'emparer de l'Hôtel-de-ville, et à assassiner le Maire de Lyon. Enfin le jour de l'exécution *Dekiers* fut envoyé à Vaize pour chercher 60 paquets de cartouches, et n'en reçut que 16 ou 17. Le plan que les conspirateurs adoptèrent, répond à leurs moyens : il fut longuement discuté et débattu, entre les membres du comité, présidé par Taysson. Il fut enfin arrêté dans une réunion qui eut lieu au plan de Vaize, et où étaient Taysson, Jacquit, Flacheron, Barbier, les deux frères Volozan et Burdel.

Voici comment s'est exprimé Barbier dans un de ses interrogatoires devant M. le Maire de Lyon.

« D'après le rapport fait au Comité par les sous-chefs, un mois avant l'exécution, il paraissait qu'ils pouvaient disposer d'un nombre d'hommes très-considérable. Ce nombre nous parut très-exagéré, et nous résolûmes alors, pour savoir l'exacte vérité, d'annoncer à nos subalternes que le nombre d'hommes qu'ils disaient avoir sous leurs ordres, devait être opposé, dans divers postes qui leur étaient assignés, à un nombre égal d'adversaires ; et comme les sous-chefs étaient responsables des postes qui leur étaient confiés, ils devaient être extrêmement exacts dans leurs rapports sur le nombre d'hommes dont ils pouvaient disposer. Cet avis eut pour résultat, de voir réduire le nombre d'hommes à trois mille, qui furent placés ainsi qu'il suit : près les casernes de Serin, 750 hommes, dont 250 enrôlés par Biterney et Dekiers, placés à la barrière de Serin, et sur la hauteur de la Croix-Rousse ; 500 sous les ordres de Jacquit, dont 250 au pont de St.-Vincent et à la Poudrière ; et 250 en Bourg-Neuf, l'Observance et Vaize, pour s'emparer du pont de Serin ; la caserne du *Bon-Pasteur*, 200 hommes commandés par un sous-chef de Taysson. Troisième poste, la caserne des Colinettes, 200 hommes commandés par un sous-chef de Jacquit. Quatrième poste. La caserne de la Gendarmerie et l'Hôtel-de-Ville, 800 hommes commandés par *Mermet* et Flacheron, sous-chefs de *Jacquit*. Cinquième poste. La ligne du pont de l'Archevêché au pont de la Guillotière, 200 hommes, sous les ordres de Volozan cadet. Sixième poste. La caserne de la *nouvelle Douane*, 500 hommes, sous les ordres de Taysson et Burdel. Septième poste. L'Arsenal, 200 hommes, sous les ordres de Volozan aîné. Tous ces individus étaient disséminés dans les différens *Cabarets* avoisinant les postes qu'ils devaient occuper ; et il est certain que le nombre d'hommes qui devaient se trouver au poste occupé par Barbier et Jacquit, s'y sont presque tous rendus à l'heure indiquée. »

Barbier a ajouté les détails suivans à ceux qu'on vient de lire. « J'avais omis de dire ( c'est Barbier qui parle, ) que pour rendre inutiles les efforts des Suisses, et les assommer s'ils voulaient s'opposer au mouvement des conjurés, j'étais chargé de placer tout le long du fort St.-Jean 100 hommes bien armés, qui auraient continuellement fait rouler des pierres sur les Suisses qui seraient sortis sur le quai ; et certainement, si ce moyen avait été employé, tous les Suisses, qui s'étaient rangés en bataille à la tête du pont de Serin, auraient été écrasés. S'ils avaient voulu fuir, ils se seraient vus enveloppés par les conjurés qui occupaient le poste de la Poudrière et celui de l'École - Vétérinaire. Je devais enfin placer des fagots goudronnés dans des lieux souterrains, qui sont positivement au-dessous des Casernes occupées par les Suisses ; et après avoir découvert le toît à coups de pierres qui auraient été lancées par les 100 hommes que je devais placer sur le fort St.-Jean, et en cas d'une forte résistance, je devais faire mettre le feu aux fagots pour incendier les casernes. »

Le signal convenu était trois coups de mouchoir, que *Jacquit* devait faire donner sur le Pont de pierre, et sur le quai de Bourg-Neuf, jusqu'à l'endroit situé vis-à-vis la caserne des Suisses. Barbier devait lancer une fusée, dès qu'il aurait reçu cet avertissement, et commencer aussitôt l'attaque. *Jacquit* donna en effet les trois coups de mouchoir, mais Barbier n'y

répondit point. Les Autorités avaient été averties.
La garnison entière était sous les armes. Cet appareil
en imposa aux conjurés qui étaient tous réunis près
des postes qui leur étaient assignés.

On ne connaissait guère d'abord que le commencement d'exécution donné dans les campagnes au
complot formé et dirigé à Lyon. Ce n'est que successivement et par degrés, qu'on est parvenu à découvrir la profondeur de l'abîme. Parmi les coupables, il en est qui eussent parlé plutôt. Mais, s'il
faut les en croire, d'épouvantables menaces leur
auraient été faites ; on aurait même cherché à leur
persuader qu'une partie des Autorités avait été com-
plice de leurs crimes, et qu'elles étaient disposées à
frapper d'une main invisible quiconque n'observe-
rait pas le plus discret silence. D'ailleurs, comme
on l'a vu, l'organisation du complot était telle, qu'il
n'y avait qu'un petit nombre d'individus qui fussent
initiés dans tous ses secrets. Aujourd'hui on a les aveux
et les déclarations de Barbier, des frères Volozan,
de Taysson, de Cochet, de Bernard, et de plusieurs
autres prévenus. Plusieurs des coupables ont échappé
par la fuite aux poursuites dirigées contre eux. Tels
sont, *Jacquit, Flacheron, Joannard, et autres.*

Telle est l'analyse de l'acte d'accusation. Nous
venons de la présenter nue et dégagée de toutes les
réflexions auxquelles le Ministère public s'est livré.

Les noms des accusés qui figurent sur les bancs de
la Cour prévôtale, sont :

Jean Barbier. — Jean-Pierre Volozan. — Jean-
Marie Vernay. — Joannon fils. — la Dame Lava-
lette.— Benoît Biterney.—Jean-Pierre Gros-Jean.—
Antoine Gaudet. — André Meyer. — Jean Richon.
— Jacques Chilliet. — Michel Balleydier. — Louis
Ravinet.— Jean-Pierre Gagnère. — Antoine Seri-
ziat.— Pierre-Catherin Caffe. — Francois Geibel. —
Jean-Claude Berger. — Bruno Verdun. — Fleury
Ollier. — Francois Coindre. — Jacques Baudran.—
Charles Marin. — Jean-Baptiste Blanc. — Eugène
Manquat. — Francois Gervais. — Pierre-Joseph
Perraut.— Granger.

Barbier, Jean-Pierre Volozan, Vernay et Joannon fils sont accusés d'avoir pris part au complot suivi d'attentat, dont le but était de détruire et de changer le Gouvernement et l'ordre de successibilité au trône, d'exciter les citoyens à la guerre civile, de porter la dévastation, le massacre et le pillage dans toutes les communes où l'insurrection se manifesterait ; attentat pour l'exécution duquel ( ce sont les termes de l'acte d'accusation ), il y a eu des bandes armées levées et organisées, et dont l'explosion a eu lieu les premiers jours de juin dernier, savoir : les quatre individus sus-nommés en faisant partie du comité destiné à exécuter et à diriger l'insurrection, soit dans la ville, soit dans la campagne, et de plus, Barbier, Volozan et Vernay, en levant et enrôlant des troupes armées, en distribuant et faisant distribuer des armes et des cartouches, et en distribuant de l'argent aux conjurés, ou en en recevant pour le distribuer, et enfin en plaçant leurs bandes dans différens postes, pour tenter l'attaque et la prise de la ville de Lyon.

La dame Lavalette est accusée d'avoir eu connaissance de la conspiration, d'en avoir été l'agent à Paris, d'avoir encouragé, aidé de ses conseils et de ses instructions, les principaux membres des comités insurrectionnels de Lyon par une correspondance qu'elle entretenait avec eux.

Biterney, Gros-Jean, Gaudet, Meyer, Richon, Chilliet, et Balleydier sont accusés d'avoir été enrôlés et d'avoir enrôlé, pour l'exécution de l'attentat, et de s'être rendus aux postes qui leur étaient fixés pour cette exécution ; Ravinet, Granger et Gagnère, d'avoir pris part audit attentat, le premier en fournissant sa maison pour y confectionner des cartouches destinées aux conjurés, et tous trois en distribuant ces mêmes cartouches, et en faisant partie du poste des conspirateurs à Vaize, et particulièrement Gagnère, en enrôlant pour l'exécution du complot. Seriziat, Caffe, Geibel, Berger, Verdun, Ollier, Coindre, Baudran, Marin, et Blanc, d'avoir été aussi les complices dudit attentat, dont ils avaient connaissance avant l'exécution , soit en s'armant pour cette exécution , soit en se rendant aux postes fixés , soit en enrôlant des hommes pour agir de concert avec eux. Manquat , Gervais et Perraut, d'avoir été également complices de l'attentat , de s'être armés pour y prendre part , et d'avoir particulièrement accepté la mission d'assassiner le Maire de Lyon , et d'avoir fait partie du poste destiné à s'emparer de l'hôtel-de-ville , toujours pour l'exécution dudit attentat.

Trois autres accusés se sont évadés depuis leur arrestation ; ce sont les sieurs Taysson, Bernard et Cochet ; à l'occasion de l'évasion de ce dernier, un Brigadier de gendarmerie et un gendarme , chargés de sa garde , ont été condamnés correctionnellement.

On procède à l'interrogatoire de Barbier.

D. Quand avez-vous eu connaissance du complot ? Pensez-vous, qu'il soit une suite de celui de Rosset ?

R. Je n'y ai été initié qu'à la noël dernière. Je sais bien que le complot existait antérieurement ; mais j'ignore l'époque précise de sa naissance.

D. Ne s'agissait-il pas de faire descendre de son trône le souverain que la Providence a rendu à nos vœux, en un mot, de porter atteinte à la légitimité ?

R. On agissait bien dans la vue de renverser le Gouvernement du Roi, mais on n'avait aucun but fixe et déterminé , après ce renversement. On parlait de différens prétendans. Cependant on parlait plus particulièrement de *l'empereur et de son fils.*

D. Le comité établi rue Ste.-Croix ; au café des Bains , existait-il avant votre initiation ?

R. Oui, Monsieur ; il existait avant mon admission. Ce fut M. Cochet qui m'y fit admettre.

D. La crainte d'être découvert , ne fit-elle pas changer plusieurs fois le lieu de réunion de ce comité ?

R. Oui ; M.^me Landelle, qui tenait ce café, paraissait épier nos démarches. Cette circonstance dut nous faire prendre une résolution de changement.

D. Avant de faire partie de ce comité, quels en étaient les membres ?

( 14 )

R. Ces membres étaient Taysson, Cochet, Volozan aîné, Burdel, Bonnant, et Mermet. On admit
de plus, le même jour que moi, Volozan cadet,
frère de celui que je viens de nommer.

D. Ce comité a-t-il eu un président avant votre
admission, ou depuis?

R. Je ne sais si à ma réception Taysson présidait
déjà ce comité ; mais depuis je l'ai connu en qualité
de président.

D. N'y eût-il pas une réunion de ce comité chez
le traiteur Loison, rue du Garet, et dans le repas,
n'y eût-il pas un serment effroyable, que tous les
assistans prêtèrent, à l'instigation de l'un d'eux ?

R. Oui, M. Cochet prit un poignard qu'il éleva,
et fit jurer à chaque membre, de ne jamais se
trahir, et de prêter secours à celui d'entr'eux qui
aurait le malheur d'être arrêté ; chacun alors pre-
nant le couteau qui était à côté de lui, répéta le
serment que venait de prêter M. Cochet.

D. Le comité, pour s'en faire un mérite, ne
décida-t-il pas d'envoyer une députation à *Marie-
Louise*, et de lui offrir un don quelconque, au
nom des conjurés ?

R. Oui, Monsieur, le premier projet était de
lui faire un don quelconque. Ensuite on résolut
de frapper une médaille. La légende devait présenter ces mots : *Français, suivez mon exemple*.
Une des faces devait présenter *un pélican et ses
petits*. L'autre devait offrir un *N* avec cette légende :
*Commande, nous sommes prêts*. On devait encore
lire sur cette médaille ces mots : *Naissance de la
seconde révolution française*.

( Ici le Président fait lire la pièce du procès
qui se rapporte à ce projet de médaille, et qui
atteste l'existence du dessein des conjurés à cet
égard. Il en résulte qu'il y avait une variante
dans la seconde légende de cette médaille, qui du
côté, où était la lettre *N*, devait présenter *un soleil*.
C'est à Paris que ces médailles furent frappée ; elles
restèrent à Taysson. )

D. N'est-il pas à votre connaissance qu'il existait
un comité supérieur ?

R. Je l'ai cru, sans en être sûr, d'après ce que disait M. Cochet, et les nouvelles qui se répandaient.

*M. Joannon, l'un des accusés* : Je demande à M. le Président de faire expliquer à Barbier d'une manière précise ce fait important.

*Barbier* : Les discours des autres membres me faisaient pressentir qu'il existait au-dessus de nous des personnes qui nous dirigeaient. J'ai su l'existence de ce comité supérieur par M. Cochet.

*Le Président* : Barbier, connaissez-vous les noms des personnes qui composaient ce comité?

R. Je ne les ai pas connus précisément. Un jour j'en fis la demande à M. Taysson. Celui-ci me répondit : seriez-vous bien aise qu'on vous fît connaitre à vos inférieurs ? Ce fut sa seule réponse. J'ai su depuis que ce comité comptait parmi ses membres MM. Bernard, Joannard, et une personne qu'on me dit s'appeler *Indigo*. J'ai entendu très-rarement parler de M. *Joannon*.

D. Etait-il question de Cochet ?

R. On nous dit qu'un de nous devait communiquer avec ce comité supérieur, mais que cette communication devait être très-secrette. M. Cochet nous dit un jour : je me charge de vous faire part des nouvelles. Puis il nous donna connaissance d'une lettre qui paraissait lui avoir été adressée, et après cette lecture il nous dit : *je ne me mêle plus de vos affaires.* C'était peut-être un prétexte pour mieux cacher son passage de notre comité à celui supérieur. Il nous dit après d'une manière positive : *je passe au comité supérieur.*

D. Quels ordres receviez-vous ?

R. Nous recevions plutôt des nouvelles que des ordres. Ces nouvelles couraient rapidement dans le public, pour disposer les esprits à la révolte. Tantôt on parlait de la Belgique, du *Prince-Royal des Pays-Bas*, qui devait régner sur la France. Tantôt on annonçait que les *Allemands* faisaient des préparatifs de guerre, et se disposaient à placer sur le trône le fils de Napoléon. Si l'on donnait des ordres, c'était d'une manière si adroite, qu'on ne pouvait deviner de qui ils émanaient.

D. Quels moyens employiez-vous pour enrôler des conjurés ? N'y avait-il pas des chefs, des sous-chefs, des individus chargés d'enrôler ?

R. Oui, Monsieur, il y avait huit chefs. Chacun d'eux avait sous lui deux, trois, et jusqu'à quatre sous-chefs. Le nombre total de ces derniers pouvait s'élever environ à vingt. Ils avaient sous leurs ordres huit ou dix subalternes chargés d'enrôler. Ces derniers étaient au nombre de 180. Ainsi, on était sûr de la discrétion des subalternes qui ne se connaissaient pas, entre subordonnés des différens chefs et sous-chefs.

D. Ne fut-il pas fait un recensement pour connaître le nombre des enrôlés ?

R. Oui, d'après des ordres supérieurs.

D. Ne porta-t-on pas d'abord le nombre à 10 à 12 mille hommes ? Comme il fut reconnu qu'il y avait de l'exagération dans ce calcul, ne fut-il pas pris une mesure qui eut pour résultat la réduction des enrôlés à 2850 en tout, indépendamment des quinze cents individus que *Jacquit* avait sous ses ordres, et de ce qu'on appelait l'*Etat-Major* de ce dernier ?

R. Oui, monsieur le Président, ces faits sont vrais. Au surplus, les bandes de la campagne triplaient nos forces.

D. L'impatient *Jacquit* ne voulut-il pas agir seul ?

R. Oui, M. Bernard nous l'annonça.

D. Le comité, voulant qu'il y eût de l'ensemble et de l'union dans les mouvemens, ne députa-t-il pas quelqu'un à Jacquit, auquel on reprocha son imprudence et sa témérité ? N'y eut-il pas avec ce dernier, et à l'occasion du contre-ordre qu'on lui demandait, des débats très-vifs, et ne vous mit-il pas un pistolet sous la gorge ? Ensuite s'étant entendus, la querelle étant appaisée, Jacquit ne donna-t-il pas le contr'ordre, et ne fut-il pas unanimement arrêté que le mouvement était irrévocablement fixé au dimanche 8 juin, à 7 heures du soir ? Jacquit ne se chargea-

t-il

t-il pas particulièrement de diriger les bandes des campagnes ?

R. Oui, Monsieur. Ces détails sont exacts. Telle est la vérité.

*M. Guerre*, avocat : Je demande que l'accusé s'explique d'une manière précise sur la circonstance du pistolet.

Barbier répète et détaille le fait.

*M. Guerre* : Quelle est cette réunion qu'on dit avoir eu lieu chez Mermet ?

*Barbier* : Un soir je dis à M. Bernard : *Jacquit veut commencer le mouvement dans les campagnes. Il veut nous perdre , s'il commet cette imprudence.*

MM. Taysson et Bernard se trouvèrent avec Jacquit à la réunion qui eut lieu chez M. Mermet. Le lendemain je fus chez M. Taysson. Il me chargea d'aller au café de la place Grôlier ; il fallait obtenir le contre-ordre du mouvement ordonné par Jacquit, Taysson, Flacheron, Barbier, et Mermet s'y rencontrèrent ; on en vint à un duel ; Jacquit résista long-temps. On menaça, l'épée fut tirée. Enfin, on s'entendit. Jacquit consentit à se rendre ; il signa le contre-ordre, et écrivit les lettres qui l'annonçaient aux sous-chefs.

*M. Guerre* : Dans quel but fut donné ce contre-ordre ? Etait-ce pour tout arrêter, ou bien pour mieux prendre ses mesures ?

*Le Président , à Barbier* : Il paraît que c'était pour tout retarder, et agir ensuite mieux de concert.

R. La voix générale était, que ce renvoi devenait nécessaire pour réunir les forces de la ville à celles de Jacquit.

D. Et alors vous fîtes toutes vos dispositions pour le dimanche ?

R. La scène qui se passa fut trop vive pour rien fixer, pour rien déterminer.

D. Par suite de ce contre-ordre donné, n'y eut-il pas une réunion à Vaize, où le plan d'exécution fut convenu entre Jacquit et 7 ou 8 autres membres de la conjuration ?

2

R. Au cabaret du plan de Vaize ; il n'y eut qu'une seule réunion , et là , on parla du complot comme de chose faite.

D. En quoi consistait le plan d'insurrection pour les campagnes ?

R. Leur mouvement devait avoir pour base celui de Lyon.

D. Les postes des conjurés n'étaient-ils pas ainsi disposés ? un poste de la caserne Serin au pont Saint-Vincent ; une autre partie de ce poste sur le tapis de la Croix-Rousse, cent hommes sur le fort Saint - Jean ; le poste de la Poudrière commandé par vous ; le second poste, à la caserne du Bon-Pasteur, sous les ordres de *Morel* ; le troisième à la caserne des Colinettes, ayant pour chef Jacquit lui - même ; le quatrième, à l'Hôtel - de - Ville, devait reconnaître pour commandant le sieur Mermet ? ( Ici, le Président rappelle la disposition des postes contenue dans l'acte d'accusation, dont nous avons donné l'analyse. )

R. Oui , Monsieur. C'est ainsi que nos gens étaient distribués. ( Ici on fait lecture des pièces n.$^{os}$ 6 et 9. )

D. Fut-il vérifié que tous les enrôlés étaient à leur poste ?

R. Je visitai mon poste le 8 à quatre heures du soir. Tout le monde était présent , mais à cinq heures , il n'y avait plus personne ; tout était parti.

D. Comment vous y êtes-vous pris pour vérifier si tous vos gens étaient à leur poste ?

R. Je m'en suis facilement instruit, en jetant les yeux dans les divers cabarets situés sur le quai : le nombre des conjurés surpassa mon attente. Il en était de même dans le quartier des Célestins et sur la place des Jacobins ; dans les cabarets de rue Écorchebœuf et du Port du Temple.

*Le Président* : Greffier , lisez la déclaration de Barbier , n.º 12. — Le Greffier obéit.

*Barbier* : Je crois que tous les conjurés s'étaient rendus à leurs postes.

D. Pourquoi l'exécution a-t-elle été arrêtée ?

R. Je l'ignore, M. le Président.

D. N'avez-vous pas vu les forces de la garnison sous les armes? Cette vue n'en a-t-elle pas imposé aux factieux ?

R. Nous nous attendions à éprouver de la résistance. Si la conspiration eût été aussi bien menée qu'elle avait été commencée, elle aurait réussi.

D. Il y a donc eu mésintelligence ? Quelle est la véritable cause de la non-réussite ?

R. Un homme, quelque audacieux qu'il soit avant le crime, éprouve quelquefois des remords, quand il s'agit de l'exécuter. J'ignore les autres motifs qui firent que l'attaque ne fut pas tentée à Lyon.

_ M. *Guerre* : Y a-t-il eu des contre - ordres donnés ?

M. *le Président*, à M. *Guerre* : Qui défendez-vous ?

R. Un prévenu de complicité avec ceux qu'on accuse de conspiration. Je défends M.^me de Lavalette.

*Le Président*, à *Barbier* : Avez-vous donné des contre-ordres ?

R. J'en ai donné.

D. Comptiez-vous sur les armes de l'arsenal ?

R. Oui, Monsieur.

D. N'aviez-vous pas des cartouches ?

R. M. Bernard en avait fait distribuer, comme officier dans les 100 jours, une grande quantité, qui n'avait pas été employée.

D. Savez-vous ce qui s'est passé à Vaize ? les balles n'y manquèrent-elles pas ?

R. Je ne le savais pas alors.

D. N'y avait-il pas de la poudre chez un cabaretier rue Ecorchebœuf ?

R. Oui, Monsieur, pour environ 60 mille cartouches.

D. Bernard ne dit-il pas que dans les cent jours il avait eu ordre d'en faire distribuer jusqu'à soixante-huit mille ? La garde nationale n'a pas tiré un seul coup de fusil ; ainsi ces cartouches étaient disponibles.

R. Je n'en sais rien.

D. Par quelle mesure vouliez-vous arrêter les efforts des Suisses.

( Barbier donne ici les détails contenus dans l'acte d'accusation , relativement aux Suisses. Il parle des fagots qu'on devoit employer pour incendier les casernes.

*M. Beaujard* , avocat : *à propos de fagots* , je demanderai à Barbier , s'ils étaient goudronnés.

*M. le Président* : laissez-moi arriver à ce point.

*Le même [à Barbier* : les fagots étaient-ils prêts ?

R. J'avais négligé cet objet , et j'avais fait croire aux conjurés qu'ils étaient préparés ; j'en avais été chargé.

D. C'est donc à votre négligence qu'il faut attribuer la conservation des bâtimens des casernes ?

R. Oui , monsieur.

D. A-t-on distribué de fortes sommes ?

R. A ma connaissance on a distribué 3 ou 4 mille francs environ,

D. Y avait-il des sommes déposées pour salarier les conjurés ?

R. Je ne le crois pas.

D. Avez-vous reçu personnellement quelque chose ?

R. A trois reprises différentes , notamment 821 fr. 50 c. le 7 juin.

D. Cet argent était-il destiné à payer les dépenses de cabaret ?

R. Il était destiné pour mes sous-chefs.

D. Par qui vous a-t-il été compté ?

R. Par M. Joannard de la part de M. Bernard.

D. Taysson a dit que ces sommes provenaient de ses épargnes. Est-il possible qu'un simple commis, à 1500 fr. d'appointement , puisse faire des épargnes aussi considérables ?

R. J'ai cru que cet argent provenait d'autres personnes.

D. Savez-vous si les conspirateurs ont accaparé des grains ?

R. Cela paraît trop au-dessus de moi , pour que je le sache.

D. Ce fait n'est pas étranger au procès ?

R. Je n'en ai pas connaissance.

D. Ne vous a-t-on pas dit qu'il y avait dans le complot des personnes qui environnent Sa Majesté ?

R. Nous l'avons cru. Vous l'auriez cru vous-même.

D. Non pas si légèrement. Quels motifs aviez-vous de le croire ?

R. On conspirait hautement depuis deux années. On parlait de conspirations dans les rues, dans les cabarets.

D. N'avez-vous pas reçu l'ordre de répandre le bruit que les Autorités étaient dans le complot ?

R. Oui, et nous l'avons cru.

D. Qui a donné cet ordre à votre comité ?

R. Je n'en sais rien. Ce que je sais, c'est que Jacquit disait tout haut : *les Autorités sont pour nous.*

D. Sans aucune preuve vous avez cru cette assertion.

R. C'étoit une chose publique.

D. Indépendamment de la publicité, quelle raison aviez-vous de croire à cette nouvelle ?

R. Aucune autre.

D. Cette nouvelle débitée avait un objet. Ne voulait-on pas par-là calomnier ceux qui entourent le Roi, les Ministres, leurs délégués, et les autres administrateurs ? Cette manœuvre étoit favorable aux enrôleurs.

R. Peut-être agissait-on dans ce but : mais nous l'avons cru. Ce qui me prouve aujourd'ui que c'est une erreur, c'est qu'aucune personne en place n'a été arrêtée.

D. Ce que vous annoncez de la connivence des Autorités était-il public ?

R. Oui, Monsieur, c'était le bruit général.

D. Le comité était-il réservé, quand à ces nouvelles ?

R. Les membres s'en entretenaient hautement ; ils n'étaient réservés que dans leurs démarches.

D. Ne parlait-on pas d'un tribunal secret chargé de frapper les révélateurs ? ne faisait-on pas courir le bruit qu'on avait trouvé des cadavres avec un poignard dans le cœur ?

R. C'est du comité de Jacquit qu'est partie cette nouvelle ; nous n'avons pas cru à l'existence de ce tribunal, mais nous avons pensé que les individus immolés avaient été punis de leur indiscrétion par les Autorités. Nous crûmes que c'étaient elles qui avaient fait tuer ces malheureux.

D. Voilà qui est bien singulier.

R. Oui, pour un homme étranger à la conjuration. Pour nous, nous avions mille circonstances qui nous portaient à le croire. La publicité des nouvelles d'assassinat, un grand nombre de faux bruits, tout cela devait inspirer des craintes à des esprits aussi fatigués qu'étaient les nôtres.

D. Le résultat de votre conspiration était de changer les Autorités Royales ?

R. Non, Monsieur, nous avons cru leur obéir ; nous n'avons jamais discuté sur ce point.

D. N'avait-on pas annoncé le projet de faire périr les individus dévoués au Roi, et de récompenser par des emplois lucratifs ceux qui s'étaient montrés ses plus acharnés ennemis ?

R. Si on m'eût parlé de semblable chose, j'aurais dit : s'il faut changer les Autorités, elles ne sont donc pas pour nous. Il est vrai qu'on ne comptait pas également sur tous les employés, mais on ne distinguait pas.

D. N'était-il pas question de sacrifier les prêtres, les nobles, et en un mot, tous ceux qui étaient dans le cas de s'opposer aux desseins des conjurés ?

R. Ces horreurs ne sont jamais entrées dans nos projets.

D. Mais dans l'exécution on n'aurait pas pu retenir l'élan de la multitude égarée ?

R. Je pensai bien que des excès étaient *inévitables*.

D. N'était-il pas question d'un pillage auquel devaient se livrer les bandes des campagnes ?

R. Je ne sais rien qui soit relatif à ce projet.

D. Vous ne pouvez obtenir votre grâce du Roi qu'en parlant sans réserve.

R. Je ne puis rien cacher maintenant de la vérité. Je l'ai dite toute entière. Je ne sais rien de cette dernière circonstance.

Après quelques détails personnels à Morel, l'un des sous-chefs, et à Barbier, qui prétend avoir failli être précipité dans le fleuve du Rhône par les conjurés réunis au-delà de la Tête-d'or, aux Brotteaux, par suite de l'idée qu'ils conçurent qu'ils étaient trahis par Barbier, M. le Président résume l'interrogatoire de Barbier ainsi qu'il suit :

*Le Président :* Vous êtes convenu qu'il avait existé un complot pour mettre Napoléon, ou un autre usurpateur, sur le trône ; qu'il y avait eu des comités formés pour cet objet ; qu'un serment avait été prêté ; qu'on avait pris des moyens pour recruter des forces ; que Jacquit était chef des bandes armées des campagnes ; que les conjurés avaient arrêté leur plan d'attaque pour le 8 juin ; que les postes étaient distribués ; que les enrôlemens avaient été préparés ; que des motifs que vous ignorez, ont empêché l'explosion générale à Lyon.

R. Oui, Monsieur le Président. Mais je ne sais pas d'où venaient les ordres supérieurs. Quant aux sommes comptées, je persiste dans mes déclarations à cet égard.

(Il est trois heures. La séance est levée, et continuée au lendemain dix heures du matin.)

### *Audience du 26 octobre 1817.*

Dix heures sonnent. Les portes de l'auditoire s'ouvrent. La salle est remplie en un moment. La force armée est disposée de la même manière qu'à l'audience précédente. Les accusés sont introduits, et la Cour prend place.

*Volozan* se lève ; on procède à son interrogatoire.

D. A quelle époque eûtes-vous connaissance du complot ?

R. A peu près vers les fêtes de Noël. Je ne suis pas fondateur du comité, j'y ai été admis par Taysson ; je n'assistai pas au serment qui fut prêté chez Loison.

D. Que saviez-vous de l'autre comité ?

R. Je soupçonne que Bernard et Joannard en faisaient partie ; on ne faisait rien sans Bernard.

D. Comment l'exécution du complot fut-elle abandonnée ?

R. Nous vîmes que nous avions été trompés.

D. Que savez-vous de l'argent qui aurait été déposé pour salarier les conspirateurs ?

R. On disait qu'il y avait des fonds déposés chez un notaire de cette ville, que je ne puis nommer, n'ayant jamais entendu proférer son nom.

D. Aviez-vous entendu parler de complices, d'agrégés pris dans les Autorités, ou dans les grands fonctionnaires de l'état ?

R. Burdel m'assurait, entr'autres choses, qu'un ancien sénateur était au nombre de ceux qui nous dirigeaient. J'ai entendu parler du tribunal secret ; et Taysson nous dit un jour : une preuve que je suis en harmonie parfaite avec les Autorités, c'est que j'ai fait arrêter *Chambovet*, (1) coupable d'avoir tramé une autre conspiration. Cette arrestation n'a été faite que d'après mes ordres formels.

D. Les conjurés se proposaient-ils d'assassiner quelques Fonctionnaires publics, ou quelques Magistrats ?

R. On ne devait assassiner ni fonctionnaires, ni citoyens ; nous voulions rester étrangers à toute espèce de crimes ?

D. Avez-vous vu quelques-uns des conjurés, depuis le huit juin, jour destiné à l'explosion ?

R. Monsieur, je n'en ai vu aucun depuis cette époque. C'est moi, qui ce jour-là les exhortai à se retirer, et à imiter en cela mon exemple.

D. Il résulte de votre interrogatoire comme point constant, que le complot, et le comité dont vous êtes membre, ont réellement existé ; que ce

--------

(1) Ce Chambovet fut arrêté vers le mois de février ou de mars dernier, comme prévenu d'enrôlemens illicites et de menées séditieuses.

comité avait sous ses ordres des chefs et des sous-chefs; qu'enfin, le huit juin, vous fîtes tous vos efforts pour engager les chefs des conjurés à se retirer, afin d'éviter à la ville les malheurs qui la menaçaient.

M. *le Procureur du Roi* : Nous requérons que les interrogatoires et délibérations qui contiennent les aveux de Volozan aîné, devenu aliéné, et de Taysson, Cochet et Bernard, prisonniers évadés, soient lus aux débats; il est important qu la Cour et le public en aient connaissance.

Plusieurs avocats, défenseurs des accusés, se lèvent pour s'opposer à cette mesure qui leur paraît illégale.

M.ᵉ *Beaugeard* : Ou ceux dont on va lire les interrogatoires sont témoins, ou ils sont accusés. S'ils sont témoins, on ne peut donner cette lecture. S'ils sont accusés, ils sont absens, et la même impossibilité subsiste encore.

M. *le Procureur du Roi* : Je vous observe que les pièces dont la lecture est demandée, sont des procès – verbaux qui peuvent donner des renseignemens.

Après quelques observations de M.ʳˢ Gras et Guerre, la Cour ordonne, sauf à statuer ultérieurement sur le réquisitoire du Procureur du Roi, la lecture des interrogatoires de Barbier, Volozan et autres accusés présens.

Le Greffier lit un interrogatoire subi par Barbier devant M. le Maire. Barbier exprime à ce magistrat la pensée où il était jeté par les conjurés, que M. Guichard, chef de division à la mairie, faisait partie de la conspiration. Barbier raconte que Cochet vint lui faire des ouvertures, et qu'un nommé Salveti était alors chez lui; que si Simon accusé dans l'affaire *Rosset* eût voulu servir la cause royale, et non la sienne, la dernière conjuration n'aurait pas eu lieu; que Mermet montrait à Barbier des lettres ( *ou de prétendues lettres* ) de M.ᵐᵒ de Lavalette, où elle annonçait que des généraux ne voulaient conspirer que dans leurs cabinets; que M. Bernard disait souvent à lui Barbier : J'ai, *sur la place Belle-Cour, un particulier qui a promis* 2,400 *francs* ; enfin, que le plan des conjurés renfermait ces deux points principaux : paralyser les efforts des Suisses, et les anéantir ; en second lieu, s'emparer de l'artillerie.

On lit la déclaration de *Jean-Pierre Volozan.*

Il annonce, qu'il n'accorde les révélations auxquelles il va se livrer, qu'à la confiance que lui inspire M. le Maire qui l'interroge.

Suivant lui, Bernard, employé de la fabrique de Rosset, était du comité, et M. Joannon était désigné comme *un bon* ( expression propre de l'accusé. )

*Volozan* se livre ensuite à des aveux plus complets, lorsqu'on lui fait connaître officiellement que sa grâce lui est assurée, si ses aveux sont entiers et sincères.

Il dit alors que cette conspiration est une suite de celle de Rosset, que Bernard, Joannard, Mermet et Taysson en sont les auteurs principaux ; qu'ils agissaient de concert avec Jacquit, quoiqu'ils fussent d'un rang plus élevé que lui, parmi les conspirateurs. On paraissait indiquer le général Grouchy, le maréchal Suchet, Beauharnais, ci-devant vice-roi d'Italie ; le prince Charles d'Autriche, comme auteurs ou protecteurs du complot, qui devait être soutenu dans la ville par un grand nombre de personnes, dès que son exécution aurait commencé.

*Volozan* donne encore dans cet interrogatoire quelques détails sur une réunion à laquelle assistèrent *Jacquit* et deux individus inconnus à l'accusé, chez le brasseur de bière, à l'entrée du faubourg de Vaise, et ensuite sur une autre réunion au plan dudit faubourg, chez l'aubergiste *Ravinet.*

*Barbier* et *Volozan* déclarent persister dans leurs déclarations écrites.

*Biternet* se lève. — Il est entendu.

*Le Président à Biternet* : Comment êtes-vous entré dans la conspiration ?

R. C'est Barbier, que je croyais premier chef, qui m'y a initié deux mois avant l'explosion. Cette conspiration avait pour l'objet le renversement du Gouvernement du Roi.

Après ces mots l'accusé, sur la figure duquel on voit les traces d'un état de maladie grave, perd connaissance ; on l'aide à sortir de la salle. Il revient à ses esprits, il est ramené.

L'interrogatoire continue :

D. N'avez-vous pas fait partie d'un comité de quatre enrôleurs ?

R. Oui, Monsieur, j'en ai fait partie. Au surplus, les conjurés correspondaient entr'eux de diverses manières, et l'origine m'était toujours inconnue.

D. Ne vous disait - on pas quels officiers civils et militaires vous protégaient ?

R. On nous annonçait que les officiers des différentes Légions et des Chasseurs des Pyrénées étaient nos adhérens.

D. N'était-il pas question de faire augmenter le prix des grains ?

R. C'est Barbier qui me parla des manœuvres qui étaient pratiquées, pour arriver à ce but.

D. Ne vous a - t - on pas dit que les Autorités faisaient poignarder les traîtres et les révélateurs, et qu'il existait pour les juger un tribunal secret ?

R. C'est de Barbier que j'ai tiré ces détails.

### *Interrogatoire de Meyer.*

D. Quel était votre but, en entrant dans cette conspiration ?

R. Je n'avais d'autre objet que de faire diminuer le prix des subsistances.

On lit la déclaration n.º 3, qui contient des faits contraires à ses réponses actuelles.

*Meyer* annonce qu'il rétracte les aveux qu'il aurait pu faire ailleurs qu'à l'audience publique. J'ai reçu, dit-il, un numéro, et je l'ai transmis à Richon.

*Le Président* : Richon soutient que vous l'avez enrôlé dans le complot, en lui annonçant que c'était pour Napoléon ; que vous l'avez fait boire, et que vous lui avez dit que vous aviez dépensé cinquante francs à régaler d'autres enrôlés.

R. Richon ment impudemment.

*Richon* interpellé, persiste dans sa déclaration.

*Meyer* : Ce que raconte Richon est faux. Je lui dis peu après, en sortant des tapis de la Croix-Rousse : j'ai été trompé, il faut nous retirer ; quant au fusil que j'avais à la procession, et qu'on dit avoir été déposé par moi dans un cabaret à Serin, il me fut enlevé, durant mon service à la procession, pendant l'absence que je fis pour aller satisfaire à certains besoins naturels.

D. Persistez-vous dans vos réponses ?

R. Oui, Monsieur.

### Interrogatoire de Vernay.

D. Avez-vous eu connaissance de la conspiration ?

R. Non, Monsieur. (L'accusé prend ici un ton d'assurance et presque de brusquerie. )

D. Vous avez avoué à M. le Maire que c'est Jacquit qui vous a introduit dans la conspiration, que vous avez connu Oudin, et que vous deviez attaquer la Poudrière.

R. J'avais été condamné à mort par contumace. Je venais d'être arrêté; je perdis la tête, et je racontais que je m'étais réuni aux conjurés.

On lui lit un dernier interrogatoire qu'il a subi devant M. le Prévôt.

*Vernay* : Leprieur s'est sauvé en faisant de fausses révélations. J'ai eu la faiblesse de croire que je ferais bien de l'imiter. Aujourd'hui j'aime mieux souffrir mille morts que de compromettre un seul des accusés.

La séance est levée, et continuée au lendemain matin 10 heures.

### Séance du Lundi 27 octobre.

Même garde, même surveillance. Les accusés sont introduits. Un témoin, *François Cadier*, homme d'affaires de M. de Varax, dépose de propos qui auraient été tenus au port Neuville le 7 juin, par deux individus qui parlaient du complot.

— M. le Procureur du Roi reproduit son réquisitoire, tendant à ce que les interrogatoires des accusés qui se sont évadés, soient lus en cette audience.

Les Défenseurs reproduisent leurs exceptions.

La Cour, après avoir délibéré, ordonne que les pièces seront lues.

On lit plusieurs interrogatoires subis par Taysson devant M. le Maire.

On remarque, outre les circonstances du plan et de la conduite des conjurés, que l'on connaît déjà, que ces derniers avaient adopté des surnoms, à l'aide desquels il leur était facile de se cacher. C'est ainsi que Barbier était appelé *Herbas*, Volozan aîné *Scipion*, Taysson *Paulus*, etc.

On suspend, pour soulager le Greffier, la lecture des pièces. Vernay est de nouveau interrogé.

*Le Président* : Vernay, rappelez-vous les aveux que vous avez faits librement; on connaît vos rapports avec Jacquit, Valençot et autres.

Le Greffier fait lecture de trois pièces qui établissent la vérité de ces faits, à l'égard de Vernay. Celui-ci persiste dans son système de dénégation.

### *Interrogatoire de Gagnère.*

D. Ne vous êtes-vous pas rendu le dimanche 8 juin, à Vaize, dans le clos *Tourangeot*, avec un nommé Fayet, et encore avec Rolland, pour y distribuer les cartouches que vous aviez? N'avez-vous pas enrôlé, en qualité de sous-chef de Taysson ?

R. Non, M. le Président. Je n'ai jamais eu de cartouches.

D. Avez-vous ouï parler de Taysson et du complot en question ?

R. Non, Monsieur.

D. Avez-vous enrôlé quelqu'un pour la conspiration ?

R. Monsieur, je n'ai enrôlé personne. Je nie formellement ce fait.

( 3o )

*Le Président :* On entendra tous les témoins que
vous produirez à votre décharge.

### Interrogatoire de Ravinet.

D. Ne faisiez-vous pas partie des conjurés ? Expli-
quez-vous sur ce qui est relatif à la poudre.

R. Je n'ai jamais fourni ni eu en mon pouvoir aucune espèce de munition, ou poudre, pour le compte
des conjurés, avec lesquels je n'ai eu aucune affi-
liation.

### Coindre est interrogé à son tour.

*Le Président :* Coindre, vous fûtes trouvé le huit
juin, nanti de cartouches. D'où provenaient-elles ?
N'aviez-vous pas connaissance de la conspiration qui
se tramait contre le gouvernement du Roi ? N'en
faisiez-vous pas partie ? Ne fûtes-vous pas dans le
principe, soupçonné d'être l'un des auteurs de l'assassinat commis sur le capitaine *Ledoux* !

A toutes ces questions, *Coindre* fait des réponses évasives. Il cherche à expliquer d'une manière
qui lui soit avantageuse, la possession des cartouches
qui lui ont été prises.

*Baudran* interrogé, fait valoir un système semblable à celui de *Coindre*.

Le Greffier, sur l'ordre du Président, donne lecture des déclarations de Bernard données par lui,
devant M. le Maire, et devant M. le Prévôt. On lit
également l'interrogatoire subi par Volozan aîné,
dit *Scipion*. Ce dernier donne, sur le plan des conspirateurs, des détails déjà connus. On annonçait,
dit-il, que les conjurés couraient les plus grands
dangers, s'ils commettaient des indiscrétions. Un
Fonctionnaire public était spécialement chargé par
les Autorités d'exécuter les ordres et les jugemens
du tribunal secret. Lorsque Volozan aîné entra dans
la conspiration, la société prit alors le nom de *Comité*.
C'est lui qui était chargé de marcher sur *Serin* et
les Casernes.

## *Interrogatoire de Berger.*

**D.** Comment connaissez-vous *Vernay ?* Comment avez-vous été initié dans la conspiration dont il s'agit ?

**R.** Mes relations avec Vernay se rattachent à des rapports d'intérêts et à l'objet de sa profession. Il s'agissait de faire prêter 500 francs à un sieur Deschamps, et je m'adressai à Vernay pour cette opération. C'est un sieur Belmont qui fit ensuite prêter cette somme par la D.<sup>lle</sup> Gros.

### *Caffe est entendu.*

**D.** Ne vous a-t-on pas écrit plusieurs lettres pour vous proposer de faire partie des conjurés ?

**R.** J'ai reçu trois lettres, où on me considère comme déjà affilié, et où on me menace de périr d'un coup de poignard, si je n'agis pas sur-le-champ.

**D.** Qu'avez-vous fait de ces lettres ?

**R.** Je les ai détruites.

**D.** Etiez-vous instruit de l'existence de la conspiration ?

**R.** Non, Monsieur, je n'ai rien promis, ni rien su d'avance. Je déclare ce fait vrai en mon ame et conscience : je le jure, au besoin.

**D.** Taysson ne vous a-t-il pas considéré comme un sous-chef du complot ?

**R.** On me dit que pour me soustraire aux menaces qui m'étaient faites, il fallait paraître y adhérer. J'étais le huit, dans la soirée, sans armes, sans cartouches. Je n'ai participé à aucun mouvement, et je n'ai rien dirigé.

( Barbier avoue qu'on ne parlait pas à Caffe avec confiance. )

Pendant les interrogatoires, deux accusés demandent à sortir. Ils sont accompagnés par les huissiers de la Cour. Les Suisses de faction aux portes extérieures leur refusent un moment l'entrée, lorsqu'ils veulent venir reprendre leurs places. Cette anecdote circule dans l'auditoire ; elle est considérée comme une preuve de l'exacte et rigoureuse discipline de cette troupe.

L'audience est levée.

*Seance du 28 octobre.*

On continue les interrogatoires des divers accusés: C'est au tour de Chilliet.

*Le Président* : Aviez - vous connaissance de la conspiration ?

R. Personne ne m'en a informé.

D. Etiez-vous au faubourg de Serin, le huit juin à cinq heures et demie du soir ?

R. Je me trouvai dans ce faubourg, pour m'entretenir avec M. Tourangeot, mon créancier d'une somme de 180 f. je venais lui demander du délai. M. Tourangeot était absent, les portes de son domicile étaient fermées.

*Chilliet va s'asseoir.*

*Pierre Granger* s'approche du bureau.

D. Avez-vous entendu parler du complot ?

R. Je ne le connaissais pas.

D. Vous avez porté de la poudre chez Ravinet ; vous aviez donc connaissance de la conspiration ?

( Ici, après quelques explications , et la lecture de quelques déclarations écrites, l'accusé pressé de questions explique les contradictions dans lesquelles il est tombé, par le trouble où son arrestation et sa captivité ont dû naturellement le jeter. )

D. Le dix juin ne vous êtes - vous pas rendu au lieu *des Etroits* ?

R. Jamais, Monsieur. Je n'ai point assisté à la réunion dont vous me parlez, et je ne sais pas, s'il y fut ou non, question d'incendier le pont de la Mulatière.

*Le Président* : Vous serez confronté avec une personne qui vous a vu.

*Le Président* à *Richon* : Approchez.

D. Avez - vous su quel était l'objet de la conjuration ?

R.

R. Je l'ai connu ; sans la connaître.

D. Expliquez vous plus clairement.

R. Monsieur, c'est clair. On ne m'a pas expliqué où on en voulait venir en dernière analyse.

D. Qui vous a instruit le premier ?

R. C'est Meyer.

Greffier, lisez la déclaration de l'accusé.

Meyer le pressait fortement d'entrer dans le complot ; il lui remit un petit morceau de papier, portant un numéro. Tous ses discours tendaient à le determiner à entrer dans le projet des conjurés, qu'il lui peignait et comme étant d'une réussite infaillible. Tout ira bien, lui disait-il, nous aurons le pain à bas prix. Napoléon remontera sur le trône.

*Richon* : On ne m'a pas parlé de Napoléon , M. le Président.

*Le Président* : Vous l'avez déclaré dans votre interrogatoire ?

R. On peut l'avoir écrit, mais à coup sûr je ne l'ai point déclaré.

D. Les Magistrats sont donc des faussaires ?

R. Non, mais on peut avoir écrit ce qu'on a voulu. Je n'ai pas entendu parler du Gouvernement. Au surplus, la misère où ma famille était plongée a seule pu me faire écouter ces propositions.

D. Où étez-vous allé le 8 juin ?

R. Chez Meyer qui me mena au cabaret. Il me dit que sa dépense dans la journée s'était élevée à 46 ou 5o francs.

( Pendant qu'il écoute la question qui lui est adressée, Richon prend une prise de tabac avec la plus grande tranquillité. On remarque cet état de sécurité étonnante. )

*Le Président* : Richon vous avez un fusil ?

Richon reprenant aussi tranquillement une nouvelle prise de tabac : non, Monsieur, je ne suis pas de la garde nationale,

D. Vous aviez des cartouches ?

R. Jamais je n'en ai eu , Monsieur le Président.

*Le Président* : *Balleydier*, c'est à votre tour.

D. Comment connaissiez-vous la conspiration ?

R. Biternet m'en a parlé le samedi matin , 7 juin.

D. Vous a-t-il dit dans l'intérêt de qui elle était machinée ?

R. Il m'a parlé de *Napoléon II*. Je lui répondis, que j'étais marié, *établi*, et que je ne voulais pas me mêler des affaires publiques. Biternet me demandait mon fusil ; mais je le lui refusai. Comme ensuite j'étais occupé à travailler chez M. *Rouher*, il le demanda, pendant ce temps, à ma femme, pour le nettoyer.

*Le Président* : Ce serait donc une surprise?

*Balleydier* : Oui, Monsieur. Je vous jure que c'est la pure vérité.

D. On vous a vu boire avec *Longbois* ?

R. Oui, cet ami est venu me prendre ; après le dîner, je sortis de nouveau avec lui, pour aller voir les processions.

### *Gros-Jean est interrogé.*

D. Quel est celui qui vous a engagé à faire partie des conjurés ?

R. Biternet m'a invité à me réunir à plusieurs individus, auxquels les autorités donnaient la commission d'agir contre les accapareurs de subsistances. *Il n'y a rien d'impossible dans le siècle où nous vivons, me disait-il ?*

D. Ne vous parlait-il pas d'un complot contre le Gouvernement ?

R. Jamais il ne m'en a parlé.

On lit les pièces n.os 25 et 87.

*Gros-Jean* persiste à soutenir qu'il s'agissait d'une réunion contre les accapareurs de grains, sous les ordres des Autorités. Jamais, dit-il, Biternet ne m'a parlé qu'il s'agît de renverser le Gouvernement. Il n'a pas été question de faire aucune attaque. Si j'ai été coupable, c'est un mouvement de pure curiosité qui m'a fait agir.

*Interrogatoire de Jean - Fleury Ollier.*

D. Où demeurez-vous !

R. Mon domicile est aux Brotteaux.

D. Quelle est la personne que vous avez rencontrée le dimanche huit juin aux Brotteaux, entre midi et une heure ?

R. Je rencontrai le sieur Bonhomme. Il me donna, comme nouvelle, que les Bourbons avaient cessé de gouverner. Il y avait là une autre personne. On employa tour à tour des menaces et des sollicitations, pour me déterminer à prendre part à l'exécution du complot. Je les ai quittés à trois heures, et dès ce moment je me rendis au piquet de Garde nationale qui avait été commandé, et dont je faisais partie. Le fait de ma présence est attesté par tous les chasseurs présens au piquet.

D. N'y eût-il pas ce jour-là un grand nombre de personnes qui se rendirent chez Bonhomme ? n'y vîtes-vous pas des armes, des munitions ?

R. Je n'ai rien vu.

D. N'avez-vous pas aperçu des cartouches dans un tiroir, chez lui ?

R. Quand je m'y suis trouvé, ma curiosité ne m'a pas porté jusque là.

*Le Président* : Suivant vous, on ne vous aurait fait qu'une simple confidence, qui n'aurait été suivie d'aucune adhésion de votre part. Quand il s'agira d'entendre les témoins, on entendra ceux que vous vous proposez de produire. Asseyez-vous.

*Interrogatoire de Gaudet.*

D. Connaissez-vous Biternet ?

R. J'ai habité la même maison que lui.

D. Ne vous a-t-il pas parlé de la conspiration ?

R. Non, Monsieur.

D. Cependant il soutient vous en avoir entretenu.

R. Comment, *Biternet* le prétend ! La vue de la mort même ne me déterminerait pas à en faire l'aveu ; le fait est faux.

*M. Beaujard* observe que Biternet est malade et absent. Après quelques explications l'accusé va s'asseoir.

### Interrogatoire de Bruno Verdun.

D. Qui vous chargea de la commission que vous êtes allé faire chez M. Arban, auquel vous demandâtes s'il ferait quarante mille cartouches? que vous répondit ce dernier?

R. M. *Burdel* était mon voisin. Faites - moi le plaisir, me dit-il un jour, de demander à M. *Arban* s'il ferait des cartouches. Celui-ci auquel j'adressai cette demande, me répondit qu'il n'en ferait qu'en vertu d'une autorisation du Gouvernement, ou des autorités militaires. Notre couversation se borna là : je ne poussai pas plus loin l'explication. Je fis, sans aucune réflexion, la commission de M. Burdel. Je ne croyais pas qu'elle pût me compromettre.

D. Vous n'avez pas pris part à la conspiration d'une autre manière?

R. Non, Monsieur. Je rentrai à six heures du soir le huit juin, et j'aperçus en rentrant les troupes qui étaient en bataille sur la place de Bellecour.

D. Vous demeurez donc de ce côté?

R. Je demeure rue Belle-Cordière ; je me retirai et je soupai chez moi avec mon gendre.

*Le Président* : *Blanc*, approchez vous du bureau.

D. Le huit juin, aviez-vous connaissance de ce qui se tramait?

R. Non, Monsieur.

D. Vous étiez avec *Marin* le 8 juin sur la place des Jacobins. Vous aviez des pistolets, vers les cinq heures du soir.

R. C'est faux, M. le Président.

*Le Président* : *Coindre*, approchez.

D. Vous avez déclaré dans vos interrogatoires le

fait qui est imputé à Blanc, d'avoir trempé dans le complot, et de s'être armé pour son exécution ?

R. Je sais que ce fait est de toute fausseté. Mais je l'ai fait pour me débarrasser. A présent je rétracte mes déclarations.

*Le Président à Coindre :* C'est cependant à ce que vous avez dit, que Blanc et Marin doivent leur arrestation.

A *Blanc :* Accusé, voilà l'homme ( en montrant Coindre ) à qui vous devez d'avoir été privé de votre liberté. Allez vous asseoir.

*On fait approcher Manquat, pour l'interroger.*

D. Pourquoi avez-vous déguisé votre origine véritable ? à l'époque du 8 juin, quels étaient vos moyens d'existence ? Vous étiez depuis onze mois sans travail. Vos effets étaient tous vendus ou engagés ; vous étiez sans ressources ?

R. Je vous demande pardon, Monsieur. J'avais un cautionnement de débit de tabac qui m'avait été remboursé. Je me suffisais à moi-même, au moyen de quelques trafics sur des ventes de chapeaux.

D. Le dimanche 8 juin dans le soirée, rue Bât-d'argent, vous étiez avec trois autres individus. Qui avez-vous rencontré ?

R. Je venais seul de la maison de M. Bertholon.

D. Il vous sera prouvé que vous étiez quatre personnes.

R. Un Monsieur m'a rencontré, il m'a fixé d'une manière étrange.

*Le Président :* Oui, vous avez cru reconnaître en lui un de vos chefs. *Vous nous avez manqué, lui avez vous dit.* « J'en viens, a-t-il répondu, feignant d'être ce que vous le croyez effectivement. » Ce citoyen vit sur le champ que vous étiez au nombre des machinateurs.

R. J'ai reconnu une personne à laquelle je voulais vendre un chapeau.

D. En présence de cette personne, vous remîtes

des cartouches à un de vos camarades. Vous êtes allé chez R✝ire, cabaretier ?

R. Je demande que ce cabaretier paraisse à l'audience.

D. La personne que vous avez prise pour un chef a eu l'intention de se faire arrêter, et lui-même parlait de douze hommes enrôlés sous ses ordres, chargés aussi de faire partie du poste de l'Hôtel-de-Ville.

R. Non, Monsieur, je ne songeois à rien.

D. N'avez-vous pas dit alors, que la réunion dont vous faisiez partie était dirigée contre l'Hôtel-de-Ville, et contre M. le Maire, dans la vue de l'assassiner ? Vos affidés n'étaient-ils pas nautis de poignards et de cartouches ? l'un d'eux n'était-il pas porteur d'un bâton nommé *assommoir*.

R. L'individu qui m'a fait arrêter est tombé dans différentes contradictions. Ses divergences sont évidentes. D'ailleurs je suis connu, je n'ai jamais attenté aux jours de qui que ce soit.

### *Interrogatoire de Gervais.*

**Le *Président* :** Gervais, avez-vous un défenseur ?

R. Je ne sais, Monsieur le Président.

Le Greffier vérifie le fait. C'est M. Duplan qui a été désigné.

( Le Président ordonne d'aller chercher M. Duplan. )

*Un Avocat :* Nous rendrons compte à notre collègue des débats de l'audience qui concernent Gervais.

*Le Président :* L'interrogatoire de Gervais est suspendu, à cause de l'absence de son défenseur.

*A Geibel* : Approchez du bureau.

D. Avez-vous été initié dans la trame ourdie contre le Gouvernement ? Volozan dit que vous lui avez été adressé comme sous-chef par *Jacquit*.

*Geibel :* J'ai été plongé dans un cachot, où l'on m'a laissé 82 jours sans m'interroger.

*Le Président* : Revenons à ce point. Avez-vous été sous-chef ? Réunis dans un café avec Jacquit et Volozan, Jacquit n'a-t-il pas dit en vous montrant, et ceux qui étaient avec vous : *Voilà les hommes désignés ?*

*Geibel :* J'étais entré au café venant de la promenade.

*Le Président :* Ce serait accidentellement que vous vous seriez trouvé dans ce lieu où Jacquit avait promis à Volozan de faire trouver les hommes dont il lui avait parlé ?

*Geibel :* Ce qu'on m'attribue est faux.

( On lit la confrontation de Volozan et Geibel. Il en résulte que Geibel était connu sous le nom de *Furet*. On lit encore une déclaration de Vernay, qui est à la charge de Geibel.)

*Le Président :* Ce n'est pas un crime d'avoir connu Jacquit.

*Geibel :* Si M. Jacquit m'a nommé à qui que ce soit, c'est à mon insu. Je dis tout ce que je sais, la vérité sort de ma bouche.

( Dans l'intervalle on annonce que M. Duplan est absent, et la Cour, du consentement de M. Hombron, charge ce dernier de la défense de Gervais.)

*Le Président :* M.^me Lavalette, veuillez-vous approcher. Avez-vous connu le projet dont il est question ?

R. Non monsieur. Tout le monde est aussi étonné que moi de me voir figurer dans ce procès, et de me trouver sur le banc des accusés.

D. Avez-vous connu les divers conjurés ?

R. Non, monsieur.

D. N'avez-vous pas eu diverses intelligences en plusieurs lieux, à Paris, en Bavière, et ailleurs ? n'avez-vous pas fait diverses démarches actives dans l'intérêt de la conspiration ?

R. Jamais, monsieur le Président.

D. Ne connaissez-vous pas Joannon, Taysson, Bernard, et autres ?

R. Je connais M. Joannon. Je ne connais pas tous ceux que vous me nommez.

D. Cependant il a été question de lettres par vous

écrites à Mermet et autres, où il s'agissait bien de la conspiratiou.

R. On a pu dire tout ce qu'on a voulu.

D. Mais Taysson a rappelé le contenu de ces lettres.

R. Cela ne me ragarde pas.

*Le Président* : Donnez lecture à M.<sup>me</sup> Lavalette des pièces cottées sous les n.<sup>os</sup> 13, 21 et 17. — Le Greffier obéit.

On lit un interrogatoire de Barbier, où il dit qu'il sait que Mermet correspondait avec M.<sup>me</sup> Lavalette. Dans un interrogatoire de Volozan cadet, ce dernier s'explique sur le même fait.

M.<sup>me</sup> Lavalette désavoue avoir reçu aucune lettre relative à la conjuration.

On a dit qu'un nommé Moulin était chargé de cette correspondance, que dans ces lettres, on annonçait différentes nouvelles singulières, telle que celle-ci : *Eugène Beauharnais avait passé à Munich une revue de quarante mille hommes.*

Volozan cadet, dans un des interrogatoires qu'il a subis, dit que M.<sup>me</sup> Lavalette entretenait une correspondance active avec le comité supérieur.

*Le Président à M.<sup>me</sup> Lavalette* : Après tant de rapports faits par des personnes qui n'ont point d'intérêt à vous nuire, vous ne pouvez nier le fait de la correspondance? comment repousser tant d'assertions?

R. Je ne vois que des *on dit*. Je suis, sur des *on dit*, en prison depuis quatre mois, privée de mes enfans, et l'on m'a fait entreprendre un voyage long et pénible. Mes enfans sont ma seule occupation.

On lit plusieurs lettres à M.<sup>me</sup> Lavalette. — Elle prétend qu'elle ne s'est occupée que du procès de son mari, ainsi que du jugement qui a été rendu contre lui, et qui n'a point été exécuté, dit-elle. Elle n'a eu de correspondance qu'avec M. Joannon, et uniquement pour son affaire.

On lit une lettre de Joannon à M.<sup>me</sup> Lavalette.

Toute cette correspondance est mystérieuse, et parfois enigmatique. On parle d'affaire dans le meilleur état possible, d'une consultation demandée, etc.

*M.*^me *Lavalette* : Toutes les lettres signées de moi, qu'on vient de lire, sont relatives au malheureux arrêt porté contre mon mari. — Elle ne voulait que faire exécuter, dit-elle, la sentence de bannissement rendue contre lui, et non pas attaquer le jugement lui-même.

*Le Président* lui fait encore diverses questions sur les expressions de ces lettres. Vous persistez, lui dit-il, à soutenir, que vous n'avez eu aucune relation avec Bernard et autres. Ils en ont donc imposé à ce sujet ?

R. Certainement, monsieur.

( *M. Joannon est interrogé.* — Nous allons reproduire quelques-unes des questions qui lui sont adressées, avec ses réponses. )

*Le Président* : Avez-vous connu la conspiration avant son explosion ?

R. Non, monsieur.

D. En avez-vous entendu parler le 8 juin ?

R. Après, seulement.

D. Avez-vous connu les divers comités qui existaient ?

R. Je n'en ai entendu parler qu'ici.

D. Avez-vous fait partie du comité supérieur ?

R. Jamais, monsieur.

( Il nie avoir jamais connu M. Taysson. Il désirerait que soit lui, soit les autres, pussent lui être confrontés, parce qu'alors ils se rétracteraient. )

D. M.^me Lavalette vous écrivait, pour quelles affaires ?

R. Elle l'a annoncé elle-même. Il s'agissait de la détention de son mari, après l'arrêt de bannissement.

D. Votre correspondance est enigmatique ; elle ne parle pas de conspiratiou. Mais n'est-ce pas de cela qu'il s'agissait ?

R. Jamais, ni madame ni moi, n'avons entendu en parler.

( On lit une lettre de cette correspondance, qui renferme ces expressions : *J'ai reçu votre amour et le mien, et j'en ai fait part à...*, etc. On suppose qu'il s'agit du buste de Napoléon, qui aurait été envoyé. )

On demande, entr'autres choses, à M. Joannon, s'il a connu Bernard et Joannard. — Il répond négativement.

On lit une lettre de M.me Lavalette à M. Joannon : *Veuillez*, *lui dit-elle*, *me rappeler au souvenir de M. et M.me Bernard*. On explique que ce n'est pas le Bernard en question, mais bien un autre *Bernard*, tenant bureau de loterie, grande rue Mercière.

L'interrogatoire de M. Joannon fini, le Président fait faire, par l'un des huissiers, l'appel de tous les prévenus, pour savoir s'ils ont tous été interrogés. Il en résulte que tous ont subi interrogatoire.

*Le Président :* La Cour a observé que les témoins n'ayant pu rester dans les précédentes audiences où les prévenus seulement ont été entendus, ils seront assignés de nouveau pour l'audience de demain, à dix heures précises.

La séance est levée.

### *Audience du 29 Octobre.*

*Granger* demande à rectifier ses déclarations.

*Le Président :* M.me Lavalette, approchez-vous. M. le Préfet de police de Paris a connu la lettre du premier juin à vous adressée, et une seconde lettre, où on vous annonçait que le tocsin allait sonner dans les campagnes.

R. Je n'ai jamais reçu ces lettres ; je ne sais ce que vous me dites.

D. Vous persistez, madame.

R. Oui, monsieur.

D. Cependant vous connaissez les déclarations positives consignées au procès.

R. On a dit tant de choses ! mais ce sont des histoires.

*Le Président :* Madame, les histoires sont vraies.

R. Eh bien ! mettez que ce soient des contes.

*Le Président :* c'est comme le désir de venir à Lyon.

*L'accusée :* Je ne l'ai jamais eu.

(On fait l'appel des témoins à charge et à décharge, Ils passent dans la salle qui leur est destinée.)

Un premier témoin à charge est introduit.

*M.<sup>me</sup> veuve Landelle*, tenant le café des bains, rue Ste-Croix. Elle paraît profondément émue. Elle prête, ainsi que les témoins suivans, le serment préalable.

*Le Président :* Madame, que savez-vous de la conspiration dont sont prévenus les accusés ici présens ?

R. Je ne sais rien de cette conspiration. Je n'en ai pas même entendu parler.

D. Madame, vous tenez un café. N'avez-vous pas eu chez vous, dans une chambre particulière, Taysson et autres personnages ?

R. Je les ai reçus comme on reçoit tous les jours les gens dans un café.

D. Mais ne vous êtes-vous pas aperçue qu'on s'entretenait de projets contre le Gouvernement ?

R. Jamais, Monsieur, je ne m'en suis aperçue.

D. Cependant les conjurés eux-mêmes se sont aperçus ou ont cru s'apercevoir qu'ils étaient surveillés.

R. Si je l'ai fait, c'est par pure curiosité, et je n'avais aucune certitude.

D. Vous n'avez rien appris touchant leur menée ?

R. Je n'ai rien entendu. Je ne sais si ces messieurs se défiaient de moi. Au surplus, je ne m'occupe que des affaires de ma maison.

*M.<sup>lle</sup> Landelle.*

D. Que savez-vous de l'existence de la conspiration ?

R. Je ne sais rien.

D. N'avez-vous pas vu des personnes réunies chez vous pour cette trame ?

R. Monsieur, je n'ai rien vu que M. Cochet quand il est venu au café.

D. Que savez-vous des lettres anonymes qui auroient été apportées ?

R. Je n'en suis nullement instruite.

D. Un soir M. Barbier ne vous montra-t-il pas une lettre ? que contenait-elle ? l'avez-vous lue ?

R. Oui, il m'a lu une lettre qui annonçait que la police avait des soupçons. Je ne sais pas quelle

impression elle fit sur M. Barbier, mais il ne me
parla que de la lettre, sans me parler de ses projets.

*M. Pierre Salveti, chef de Butaillon en demi-solde.*

D. Que savez-vous d'une conspiration qui remon-
terait aux mois de novembre et de décembre ?

R. Je n'ai rien su.

D. Avez-vous connu Cochet, Barbier, Volozan ?

R. J'ai connu M. Barbier, pour avoir été chez lui.

D. Ne vous a-t-on pas engagé à faire partie d'un
comité ?

R. On me parla des malheurs du temps, de la
politique.

D. Qu'avez-vous entendu ?

R. J'entendis prononcer ce mot : *Grenoble*

*A sa demande on lit sa déclaration.*

On lui fit des propositions inconvenantes. Un jeune
homme lui propose du service. Il a vu Cochet chez
M.^me Landelle. Il se souvient de l'avoir vu dans la
chambre de la chaudière. Il y avait une réunion ;
il entendit parler de la conspiration de Grenoble.
Mais sa présence fit cesser la conversation.

*M. Chavanne, graveur.*

D. Que s'est-il passé au sujet d'une gravure dont
on vous aurait parlé ?

R. Un particulier me proposa de faire une gravure, présentant une N avec une légende. Je refusai;
le papier fut déchiré.

*Le Président :* Barbier, c'est vous.

*Barbier :* Oui, M. le Président. Monsieur ne
voulut pas s'en charger ; je fus même piqué de
quelques termes qu'il employa.

*Thomas Girard.*

On lui proposa de rentrer au service dans l'artillerie, on ne lui dit pas sous les ordres de qui. Cependant, devant M. le Maire, il a déclaré qu'on lui
avait proposé de s'enrôler pour *Napoléon.* Il confirme
sa déclaration.

*François Rolland,* tailleur à Vaize.

D. Avez-vous su qu'il devait y avoir un mouvement ?

R. Je l'ai appris le jour de Pâques. Je l'ai su à

l'hôtel du Chapeau-Rouge. Gagnère s'approcha : Etes-vous des nôtres, me dit-il, il s'agit d'un changement. Trois jours après, il me dit : L'Etranger est d'accord ; il y a une grande conspiration pour renverser le Gouvernement.

D. Parla-t-il du Roi ? l'avez-vous su par d'autres personnes ?

R. Oui, monsieur, je l'ai entendu dire dans les rues et publiquement.

D. Gagnère aux approches du huit juin, vous parla-t-il des mouvemens et des mesures qui étaient prises ?

R. Il me dit le dimanche : c'est pour ce soir, tu te trouveras au faubourg de Vaize ; il ajouta au *clos Tourangeot*.

D. Y allâtes-vous ?

R. Oui, monsieur, il faisait noir. Tout de suite se présente un homme qui avait des cartouches, et qui paraissait embarrassé.

D. Quel était cet homme ?

R. Je crois que c'était Gagnère ; le ciel était obscur. Trois ou quatre personnes étaient avec lui. Je pris des cartouches, mais je les jetai bientôt dans la rivière, et je courus avertir l'Autorité.

D. Gagnère vous parla-t-il ?

R. Il ne me dit rien ; je le reconnus à sa voix.

*Le Président* : Gagnère, approchez. Il analyse la déposition du témoin.

*Gagnère* : Jamais je n'ai été d'aucune conspiration, Ce que m'attribue Rolland, le 8, est faux. Je le vis le soir revenant de Lyon. — Il était ivre.

D. Existe-t-il quelque inimitié entre vous et Rolland ?

R. Je ne sais. Mais, je vous prie de vous informer de notre conduite respective, et la comparaison ne me sera pas défavorable.

*Guillaume Fayet*, poêlier, rue des Prêtres.

Il n'a rien su avant le huit juin. Ce jour-là, c'était une chose publique, sur-tout à cinq heures du soir. Il était avec son frère à Vaize, pour demander de l'argent que lui devait Rolland. Il vit ce dernier. La plus grande obscurité régnait. Il fut conduit au clos *Tourangeot*, où il ne put distinguer personne, de ceux qui y étaient ; il fut témoin de la distribution des cartouches. Prenez, disait-on, ou je les jette. Fayet en prit sur l'invitation qui lui fut faite, et les remit à Rolland qui était avec lui. Tout le monde sortit par une porte de derrière, et se dispersa.

( On lit la déclaration faite par Rolland devant le maire de Vaize. Il la confirme dans son contenu. )

Gagnère persiste à soutenir fausses les dépositions des deux témoins.

*M. Arban*, artificier.

On vint lui proposer de faire des cartouches. Il répondit qu'il n'en ferait que pour le Gouvernement, et par son ordre ; que pour toute autre personne il n'en ferait pas une pour cent mille écus. Le surlendemain on vint lui dire : on a trouvé ce qu'il fallait.

Le Président appelle l'un des Huissiers : Avez-vous fait des démarches pour découvrir *Leprieur* ?

*L'huissier* : Oui, Monsieur ; mais on m'a répondu qu'il avait pris un passeport immédiatement après son élargissement.

*Le Président* : Je vous charge de faire à cet égard les perquisitions les plus sévères.

*M. Crevat.*

Il n'a rien su du complot, avant le 8 juin. Ce jour-là un bruit sourd éveilla son attention. Après la rentrée de la procession de St. Pierre, le soir, il rencontra, rue du Bât-d'Argent, quatre personnes, dont la tournure lui parut suspecte. Est – ce vous ? dit un des individus. Oui, répond le témoin. Vous qui étiez . . . . . . C'est bien moi. . . . . . .

( Ici, le témoin raconte la ruse au moyen de laquelle il se fit passer pour un chef de bandes, et se fit arrêter avec Manquat et autres, par les soins de M. Vincent, adjoint. ) Leur projet avoué, ajoute le témoin, était de frapper, *au Pont-Morand*, M. le Maire, à la procession ; et de tomber *sur le Bon Dieu*. ( ce sont les expressions propres. )

— Gervais et Perrot furent arrêtés au cabaret. —

Manquat nie le fait qui le concerne. — Gervais, quand Crévat les accosta, portait le bâton.

( On lit la déclaration écrite du témoin. On lit aussi le verbal d'arrestation. )

M. *Vacher*, Commissaire de police, qui y con courut, est aussi entendu.

M. *Arnaud*, aussi Commissaire de police et deux Agens, déposent du fait du couteau - poignard, du bâton et des cartouches dans le chapeau ; le tout saisi, lors de l'arrestation de Manquat, Perrot et Gervais, le soir du 8 juin.

M. *Imbert*.

Il dépose d'un ton *solennel*.

On lui a dit qu'il s'agissait de faire diminuer le pain, et de le faire descendre à 3 sous la livre. Il ne savait pas qu'il s'agît de conspiration contre l'état. *J'avais l'air d'être un des bons*, dit le témoin.

*Jean Mur*, de Caluire.

En sortant du cabaret, il fut accosté par cinq hommes, dont deux en habit de Garde nationale. Venez avec nous, lui dit-on : Voulez-vous venir ? Vous gagnerez la croix d'honneur, si nous prenons l'arsenal.

*Ollier* est confronté avec le témoin, qui ne le reconnaît pas.

*François Brunet*, de Caluire.

Il dépose des mêmes faits que le précédent témoin. — Les conjurés étaient vingt ou vingt-cinq ; ils avaient trois fusils.

M. *Etienne Giraud*, Commissaire de police.

Il a arrêté quatre des détenus, Richon, Barbier, Joannon, et Cériziat ; il a visité leurs papiers.

*Gonnet*.

A entendu proférer ces propos : *Mon capitaine, je viens de Neuville, porter les derniers ordres.*

*Le Président* : Fut-il question d'assassinat ?

*Le témoin* : Monsieur, on ne m'en parla pas.

*Jean-Marie Rey*.

Il est sorti de sa maison à deux heures de l'après-dînée. Il est rentré à sept heures. Il n'a point entendu parler de complot avant le 8. Avant appris ce qui se passait, il vint chez lui, pour fermer sa porte. A onze heures et demie arrive chez lui un garde national, il dépose sa giberne et son fusil.

*Le Président :* Le reconnaîtriez-vous ?

*Le témoin :* Non, Monsieur. — *Meyer*, levez-vous.

*Le témoin :* Je ne connais pas Monsieur.

*M. le Maire de Civrieux.*

Avant le 8 juin, il ignorait le complot. Le Dimanche, Fiévée, *dit* Champagne, vint le prévenir. Il lui annonça qu'il devait y avoir, vers l'heure de midi, un soulèvement au bruit du tocsin, qu'il fallait quitter son domicile. Le témoin a de suite envoyé demander des forces au Préfet et au Général divisionnaire. Fiévée, au surplus, est allé prévenir plusieurs autres personnes, pour les soustraire au pillage.

*Le Président :* On a de grandes obligations à Fiévée.

*Pierre Chapuy*, de Cyvrieux.

Fiévée venait de parler au Maire, et s'adressant à Chapuy, il lui dit : Vous êtes un brave homme, cachez ce que vous avez. — L'ennemi vient-il ? — Non. — Eh bien ! je n'ai rien à cacher. —Une révolte va avoir lieu, et sera suivie d'un pillage.

*M. le Président* annonce que la séance est levée.

*Audience du 30 octobre.*

*M. Deschamps*, Juge de paix.

Il dépose des faits qui lui sont personnels, relativement à Fiévée, *dit* Champagne.

*Bergeon*, de Cyvrieux.

C'est le 8, avant la messe, que Fiévée vint le prévenir de ce qui se passait. — Le témoin n'a pas eu le temps de lui faire des questions. — Fiévée courait avec précipitation. — Bergeon a vu arriver environ quinze chasseurs à cheval, entre une et deux heures. Il ne sait pas si c'est sur l'ordre du Maire qu'ils étaient venus.

*Femme*

*Femme Chouzy*, de Montluel.

Elle est appelée pour s'expliquer sur des propos séditieux qu'elle aurait entendus; on aurait dit : Nous venons de la montée de Fourvières à Lyon; nous étions 200 hommes; on reçoit un franc par jour. Il n'y a rien à faire, jusqu'à ce qu'on ait des ordres.

*Philibert Camus*, forgeur, montée du Chemin-Neuf.

On lui demande ce que *Moulin* aurait pu lui dire touchant la correspondance de Lyon à Paris. — Le témoin déclare n'avoir rien dit à Moulin, et n'avoir rien su de lui.

*Louis-Jérôme Chavanne.*

Il a été témoin de l'assassinat du capitaine Ledoux, dans la soirée du 8 juin. — Il était à huit pas; la nuit était profonde. — Il a vu passer un officier, puis a entendu un bruit d'armes à feu. Deux hommes ont pris la fuite.

*M. Jean-Jacques Phélip.*

Il explique les circonstances de l'assassinat du capitaine *Ledoux.* (C'est le témoin qui a reçu la décoration de la Légion-d'honneur, pour récompense du courage qu'il a montré dans cette occasion.) A neuf heures du soir, il rencontre le capitaine. Le témoin se rendait à son poste, comme garde national. Ils lient conversation. Un individu donne à l'officier un coup de coude ; celui-ci se retourne : un coup part, on brûle la cervelle au malheureux *Ledoux.* En voulant atteindre l'assassin, le témoin est blessé.

*Fiévée* dit *Champagne.*

Depuis six mois, dit-il, Garlon me pressait d'accepter le grade de sous-chef. Je n'ai jamais vu *Dechet* ; mais la lettre qui me parvint m'était adressée par lui, et venait de *Garlon.* J'ai brûlé cette lettre ; et j'ai prévenu les propriétaires et le Maire, parce que je savais que Gardon avait donné *carte blanche* à ses gens.

*Le Président :* M.^me *Sarron* qui n'a point comparu, quoique citée, sera contrainte par les voies qu'autorise la loi.

( 50 )

On entend les témoins à décharge.

On interroge ceux qu'a fait appeler Volozan.

Deux Officiers de la Légion des Hautes-Pyrénées, déposent avoir vu Volozan, dans la soirée du 8 juin.

Témoins à la décharge de Blanc.

*Maguin* a vu Blanc le dimanche matin, de dix à onze heures, et le soir à huit heures et demie.

*Joseph Vol* l'a rencontré se promenant devant son domicile, entre cinq et six heures du soir.

*Claude Gorel*, marchand de vin, a vu Blanc boire ce jour-là, comme il avait coutume de le faire; il ne lui a point entendu parler de conspiration.

Six témoins sont entendus pour Meyer. Ils ne déposent pas des faits de l'accusation. Ils se bornent à rendre hommage à la probité et aux bonnes mœurs de Meyer.

*Ravinet* fait entendre deux individus. Ils déposent du fait relatif au panier plein de cartouches qui avait été déposé chez Ravinet.

*Les mariés Tholombert* expliquent, en faveur de Cériziat, que le huit juin il est venu leur rendre visite, et a dîné chez eux, qu'il est sorti, puis est rentré à cinq heures, et qu'il est resté encore une heure et demie, ne s'entretenant que de ses malheurs.

*M. de Varax*, maire de Vazie, demande à s'expliquer sur le compte de Gagnère, et autres.

J'ai fait arrêter Gagnère, dit-il, sur la déclaration de Rolland. Depuis ce temps je n'ai pas acquis d'autres preuves. J'ai fait faire une visite soigneuse chez lui, qui a été satisfaisante. Pour Ravinet, c'est un homme pusillanime; il avoit chez lui quatre ou cinq livres de poudre; il les rapporta, et une visite bien sévère n'a fait que tourner à son avantage. Granger avait été fait dépositaire des cartouches; il en était effrayé. Si son langage offre des contradictions, il faut observer que c'est une sorte d'avocat de village.

On continue l'appel des témoins à décharge.

*MM. Dufieux, Malezon* et *Chaise* assurent à la Cour que la probité de Ravinet est intacte. Ils disent l'avoir vu le huit à des heures différentes.

*Jean Coste est entendu pour Cériziat :* Il était avec ce dernier à six heures du soir, le huit juin, sur la place de Bellecour.

*Berger* annonce à la Cour, qu'il est secrétaire d'une société d'indigence, chose dont M. Coste, commissaire de police, a connaissance. Cériziat fait observer qu'il est aussi de cette société.

*Un Témoin entendu pour Coindre,* explique que depuis deux ans il avait un fusil chez lui, qu'il n'en sait pas la cause ; quant à la poudre, que son apprentif lui en remit pour nettoyer son poêle.

*Gabriel Fevel* explique, que lors de la première invasion, il vit entrer chez Coindre un fusil et des cartouches, qu'il ignore tout le reste. Avant les Autrichiens, dit un autre témoin, il n'avait point de fusil. Thomasset dépose des mêmes faits, dont il est moralement sûr, ainsi que Rolland et deux autres.

*Genillon* dépose dans l'intérêt de Gervais : Qu'il sait comment et à quelle époque il est venu à Lyon, qu'il a séjourné à Grigny, et qu'il s'est bien conduit par-tout.

*Le Président :* Cependant il a été arrêté, le huit juin, dans un cabaret avec des malfaiteurs ; il avait un couteau-poignard à lame fixe.

*Bonneton* déclare que Gervais qui a appris son métier à Grigny, est venu à Lyon, qu'il est allé voir, lui déposant, plusieurs fois pour avoir de l'ouvrage. Le témoin ne connaît pas le couteau en question, ni les cartouches.

*La femme Blachard*, blanchisseuse, dit le connaître sous de bons rapports, qu'il est venu la voir plusieurs fois.

*Joseph Sure*, passementier, affirme qu'il est entré le huit à la chûte du jour, chez Berger, et que ce dernier n'était pas sorti.

*Mercier* soutient avoir bu avec Gagnère, à sept heures et demie du soir, environ.

*Pillin*, perruquier à Vaize, l'a vu trois fois dans l'après-dînée, notamment à huit heures sur sa porte.

*La femme Tourangeot est entendue.* Elle est propriétaire du clos de ce nom. Elle n'a rien vu dans son dépôt.

*Le Président* : Il est constant....

*Le Témoin répète* : Il est constant....

On rit.

*Le Président* : Ecoutez-moi. Différentes personnes sont entrées dans votre enclos, le soir, et s'y sont distribuées des cartouches.

*Le Témoin* : Monsieur, je n'ai rien vu. Je sais que Gagnère, au surplus, est un honnête homme.

*Duperret* est chargé de l'entrepôt du clos *Tourangeot*. Il y était jusqu'à sept heures du soir; il avait vu Gagnère, après la procession, en uniforme de Garde nationale.

D. Avez-vous vu les hommes qui s'y sont introduits ? Il serait bien étonnant que vous n'eussiez pas vu ce qui se passait chez vous....

R. Je n'ai rien aperçu. De six à sept heures j'ai vu Gagnère, que je n'ai pas revu depuis.

M. *de Varax* déclare qu'il faisait surveiller dès long-temps le nommé *Rolland*, contre lequel il avait de fortes présomptions, et duquel il se défiait singulièrement.

Trois témoins déposent pour *Ollier*, qu'il a passé l'après-dînée du dimanche aux Brotteaux avec eux, faisant partie du piquet de Garde nationale, et faisant exactement et avec zèle ce service, qui est le devoir d'un bon citoyen.

*Le Président* : En voilà assez sur Ollier.

Pour *Chilliet* et *Geibel*, on entend différentes dépositions insignifiantes.

M. *Rivat*, défenseur de *Manquat*, demande que le cabaretier chez lequel son client a été arrêté, soit cité.

*Le Procureur du Roi* : Il sera assigné pour demain.

La Cour condamne M.^me *de Sarron*, absente, et qu'on dit être à Lyon, en 100 francs d'amende, et ordonne qu'elle sera tenue par corps de comparaître à l'audience de demain, qui commencera à onze heures. On entendra M. le Procureur du Roi.

On lit une déclaration de *Leprieur* devant M. le

Prévôt. Il avait vu Jacquit : c'était ce dernier qui le faisait marcher ; il entendait Jacquit nommer Cériziat.

### Audience du 31 octobre.

La séance est ouverte à onze heures du matin. On fait l'appel des prévenus. Biternet gravement indisposé, n'a pu paraître sur les bancs, à l'audience de ce jour. M. Beaugeard, son défenseur, fait pour lui des observations, d'après lesquelles on passe outre à la continuation des débats.

**M.me** *de Sarron est entendue.*

D. Que saviez-vous de la conspiration ?

R. J'ai entendu dire beaucoup de choses.

D. Beaucoup. Avez-vous entendu parler de renverser le gouvernement ?

R. J'ai entendu ce que disaient les ennemis de la cause royale.

D. Avez-vous vu quelqu'un le 8 juin ?

R. *Fiévée* dit *Champagne* m'a prévenue qu'il fallait cacher mes effets, m'annonçant une sédition, un soulèvement.

D. D'après cet avertissement, le Maire a-t-il envoyé demander des forces au Préfet et au Général ?

R. Je le sais ; il a envoyé de suite à Lyon, et même à Anse, auprès de M. le Prévôt.

D. A quelle heure les chasseurs sont-il arrivés ?

R. Entre onze heures et midi

D. Est-ce bien Champagne qui a prévenu les Autorités ? a-t-il prévenu d'autres personnes que vous ?

R. Oui, Monsieur, je l'ai su depuis.

*Mazet*, propriétaire à Cyvrieux, dépose qu'il a été prévenu par Champagne de ce qui allait arriver, afin de cacher son argent et ses effets.

*Jean Rivoire, Cabaretier.*

D. Aviez-vous connaissance de la conspiration ?

R. Du tout, Monsieur.

D. Vous avez reçu chez vous le 8 dans la soirée trois individus. Les reconnaîtriez-vous ?

R. Je ne les reconnais pas.

D. L'un d'eux est-il sorti ?

R. L'un d'eux pourrait en effet être sorti. Je n'ai pas entendu leur conversation.

D. Lequel des trois a payé la dépense ? L'un d'eux n'avait-il pas un bâton ?

R. La dépense n'est pas payée. Je ne sais pas lequel avait le bâton que j'ai aperçu.

D. Les Commissaires de Police ne sont-il pas bientôt arrivés ?

B. Oui, monsieur.

D. Avez-vous vu des cartouches dans un chapeau ?

R. J'ai bien vu emporter les chapeaux. L'un d'eux est tombé ; il est resté sous la table. Il a été trouvé le lendemain matin. Le soir même j'ai fermé de suite mon cabaret.

*M. Arnaud*, commissaire de police, est entendu. ( On éclaircit le fait du bâton, dit assommoir, du poignard et des cartouches. Les trois prévenus Manquat, Gervais et Perrot sont encore interrogés et confrontés à cet égard.

*Un Témoin* est encore entendu à la décharge de Cériziat. Il est resté plusieurs jours chez le témoin, annonçant qu'il voulait fuir la contrainte par corps, étant poursuivi par ses créanciers.

*Le Président* : M. le Procureur du Roi, l'audition des témoins est achevée.

*Le Procureur du Roi prend la parole* : Son réquisitoire dure trois heures. L'analyse ne le reproduirait que d'une manière bien imparfaite. On aurait à se reprocher d'avoir tronqué un discours dont toutes les parties parfaitement liées, concourent à présenter le tableau général des divers mouvemens séditieux. Il commence par le tableau des excès auxquels on se porta le huit juin. Des bandes se dirigeaient sur Lyon, centre et foyer de la conspiration. Cette ville ne dut son salut qu'à la vigilance de ses Autorités, et à la fidélité de sa brave Garnison. On proclamait hautement le rappel de l'usurpateur et de son fils. On foulait aux pieds les armes de France, le buste du Roi et celui du Saint-Père. On arborait les couleurs de la sédition.

Après avoir développé les diverses menées séditieuses auxquelles on s'est livré dans ces contrées, depuis la seconde restauration, le Ministère public divise naturellement son discours en deux parties. Dans l'une il établit l'existence du complot; dans l'autre il retrace la culpabilité respective des vingt-huit individus présens.

*M. le Procureur du Roi* conclut à ce que Vernay soit condamné à mort, comme convaincu des faits qui lui sont imputés dans l'acte d'accusation, sauf la faculté réservée à la Cour, de le recommander à la clémence du Roi; à ce que Barbier, Volozan et Biternet soient exemptés de la peine capitale qu'ils ont encourue, sauf à rester toute leur vie sous la surveillance de la haute-police; quant aux autres accusés, le Procureur du Roi conclut contre quelques-uns à un emprisonnement de deux à cinq ans, pour fait de non-révélation d'un complot dont ils avaient eu connaissance, et quant aux autres, leur mise en liberté est requise.

*Le Président* invite celui des défenseurs des accusés qui est prêt à plaider, à prendre la parole. La volonté du Roi, dont M. le Duc de Raguse est l'organe, dit M. le Président, est que cette affaire soit terminée rapidement. La Cour entendra dès ce moment les défenseurs.

Aucun d'eux n'étant prêt, sur la demande des accusés et du consentement de M. le Procureur du Roi, la séance est levée, et continuée à demain premier Novembre.

### Audience du premier Novembre.

La séance est ouverte avant neuf heures. Nous avons fait connaître les noms des défenseurs qui ont porté la parole dans cette affaire. M. Beaugeard s'est distingué par sa piquante originalité, l'énergique naïveté de ses expressions, et sa manière facile. Son plaidoyer égaie parfois l'auditoire, toujours peu disposé aux émotions gaies dans des matières aussi tristes. Nous regrettons vivement de ne pouvoir reproduire au moins quelques passages du plaidoyer de M. Beaugeard, ainsi que des discours aussi bien pensés que bien écrits de M. Gras, défenseur de M. Joannon ; de M. Guerre, celui de M.<sup>me</sup> Lavalette ; de MM. Journel, Menoux, Verdun, Passet, Hombron et de plusieurs autres, dont le caractère est aussi recommandable que le talent. Qu'il nous suffise de dire qu'ils se sont montrés dans cette cause, avocats aussi habiles que bons citoyens, prouvant par-là qu'ils ont gravés dans leurs cœurs ces mots qu'employa un écrivain de l'antiquité, pour désigner et définir l'orateur : *vir bonus dicendi peritus.*

Dans l'audience du lendemain deux novembre, ceux des défenseurs qui n'avaient pu plaider la veille ont été entendus. A trois heures la Cour s'est retirée pour délibérer. Rentrée en séance et ayant pris place à neuf heures et demie, les accusés ramenés devant elle, elle a prononcé son arrêt, dont nous regrettons de ne pouvoir donner le texte en entier, à cause des nombreux motifs qui le précèdent, et que nous ne nous permettrions pas de retracer, craignant de le faire trop imparfaitement.

Un silence religieux règne dans la salle. L'arrêt qu'on va porter reçoit, pour ainsi dire, une solennité nouvelle et particulière de l'affluence prodigieuse des spectateurs qui se pressent dans l'auditoire.

La Cour jugeant en dernier ressort, et sans recours en cassation, condamne Vernay à la peine de mort, ordonne qu'il est sursis à son exécution, attendu l'intention de la Cour de le recommander à la clémence royale ; déclare exempts et libérés de la peine capitale par eux encourue, Barbier, Volozan et Biternet, les renvoie d'accusation, à la charge de rester pendant dix ans sous la surveillance de la haute-police du Gouvernement ; condamne Meyer, Granger et Gagnère, en deux ans d'emprisonnement, Césiziat en trois ans, et Manquat, Gervais, Perrot et

Coindre en cinq ans aussi d'emprisonnement, et tous lesdits Meyer, Granger, Gagnère, Cériziat, Manquat, Gervais et Perrot, en 500 francs d'amende; ordonne que la dame Lavalette, M. Joannon, Richon, Geibel et autres sont renvoyés d'accusation, et seront mis en liberté sur le champ.

---

# ARRÊTS

*Rendus depuis le 8 juin 1817, par la Cour Prévôtale du Département du Rhône.*

PAR Arrêt de la COUR PRÉVÔTALE du Rhône, séant à Lyon, rendu le 13 Juin 1817, en dernier ressort et sans recours en cassation,

1.º Le nommé *Claude Raymond*, âgé de 27 ans, pionnier, domicilié à St.-Genis-Laval, natif d'Avaise, convaincu d'avoir été arrêté les armes à la main, faisant partie des bandes armées qui se réunirent à St.-Genis-Laval le Dimanche 8 juin, à six heures de l'après-midi, dans le but de détruire ou de changer le Gouvernement, d'exciter les Citoyens à s'armer contre l'Autorité du Roi, et de porter dans tous les lieux où l'insurrection se manifesterait, le meurtre et le pillage;

2.º Le nommé *Saint-Dubois*, âgé de 29 ans, ouvrier couverturier, domicilié à Lyon, place Neuve, n.º 4, convaincu d'avoir fourni et procuré des munitions aux bandes armées des campagnes, ou tout au moins d'avoir tenté de leur en fournir et procurer, ayant été arrêté le Dimanche 8 juin, entre trois et quatre heures du soir, aux barrières de Serin, portant sous son bras, enveloppé dans une veste, un sac contenant seize paquets de cartouches de calibre, dont il n'a voulu indiquer ni l'origine ni la destination;

Ont été condamnés à la peine de mort, en exécution des articles 2, 87, 88 et 91 du Code pénal, et exécutés sur la place des Terreaux le même jour.

Par Arrêt de la Cour, etc. du 19 juin, à 9 h. du soir.

Le nommé *Jean Valençot*, âgé de cinquante ans, tireur d'or à Trévoux, département de l'Ain, natif de cette ville, convaincu *d'avoir été l'un des agens* de l'attentat qui était projeté depuis long-temps, et qui a été commis le 8 de ce mois, soit à Lyon, soit dans plusieurs communes du département du Rhône ; attentat dont le but était de détruire ou de changer le Gouvernement, d'exciter les Français à s'armer contre l'autorité du Roi, et de porter le pillage, le meurtre et la dévastation dans les lieux où l'insurrection se manifesterait ; d'avoir agi pour lever et organiser une des bandes armées qui ont été mises en action pour l'exécution de l'attentat dont il s'agit, et d'avoir directement participé au commencement d'exécution qu'eut ledit attentat dès le premier de ce mois, en se rendant en armes au rassemblement des factieux qui se forma sur le territoire de la commune de Quincieux, dans la prairie de la Serrandière ;

A été condamné à la peine de mort.

Il a été ordonné qu'il serait exécuté sur le territoire de la commune de Quincieux, en face de la ville de Trévoux, dans les brotteaux de Chameland, en exécution des articles 87, 88 et 91 du Code pénal.

*Nota.* Le condamné a été exécuté aux brotteaux de Chameland, en face de la ville de Trévoux, le 20 juin, à onze heures du matin.

On sait que la condamnation prononcée le 19 juin par la Cour Prévôtale contre le nommé Valençot, avait été différée pendant quelques jours, parce que la Cour s'était crue d'abord fondée à espérer que l'accusé serait dans le cas de faire d'utiles révélations. En ce cas, Valençot n'eût pas péri, et la loi elle-même eût prescrit de l'épargner. Mais les déclarations de Valençot ne remplirent pas l'attente dont elles étaient l'objet ; et voici quelles furent à ce sujet les réflexions de M. Reyre, Procureur du Roi.

« Valençot connaît-il réellement les chefs, les » auteurs du complot ? C'est-ce que nous ne pensons » pas : car il est à croire que Valençot, prêt à être » condamné, et pouvant profiter du bénéfice de la

» loi, ne garderait pas son secret. Il est vraisem-
» blable aussi qu'eux-mêmes durent craindre tout
» naturellement de se découvrir à un homme tel que
» lui. Mais quels qu'ils soient, et qu'ils parviennent
» ou non à se tenir long-temps cachés, tout ceci doit
» être pour eux et pour le peuple qu'ils abusent, une
» grande, une terrible leçon. Puisse le peuple de la
» ville, le peuple des campagnes, reconnaître une
» fois pour toutes, que tous les germes de révolte
» qu'on cherche à semer autour de lui contre le gou-
» vernement légitime, sont l'œuvre exécrable d'une
» poignée de factieux invisibles, qui trompent la
» multitude, et dont les classes pauvres, laborieuses,
» deviennent chaque jour les premières victimes;
» que le pillage, la dévastation, la misère publique
» sont et seront toujours les moyens familiers qu'em-
» ploient ces artisans d'insurrection, et que leurs
» criminels desseins n'ont jamais que le malheur de
» la société entière pour but, pour résultat; que ce
» sont eux, oui, eux-mêmes, qui dans ces derniers
» temps ont agi de mille manières pour affamer le
» peuple, espérant que la cherté extrême des sub-
» sistances pourrait le pousser de toutes parts à des
» mouvemens séditieux; qu'en effet, et depuis qu'a
» été étouffé le dernier complot qu'ils avaient formé,
» on a vu, en l'espace de quelques jours, le prix des
» bleds, des farines, subir dans tous nos marchés
» une énorme diminution; qu'enfin tous les vils
» suppôts, tous les agens subalternes, qui ont ou
» auront assez d'audace et de perversité pour servir
» d'instrumens à de si affreuses manœuvres, ne
» peuvent manquer d'être découverts, reconnus par
» l'Autorité, et que nécessairement ils tomberont
» tôt ou tard sous la main de la Justice !

» Puissent d'ailleurs les chefs qui avaient organisé,
» dirigé le complot, ces chefs que nous ne connais-
» sons pas, et que Valençot ne veut pas ou ne peut
» pas nous désigner; puissent-ils reconnaître à leur
» tour l'insigne folie de leurs sinistres desseins, et
» quelle sera l'impuissance de toutes leurs tentatives
» pour déchirer le sein de leur patrie ! Vingt com-

» munes du département , sur un rayon de cinq
» lieues, ont été inondées au même instant par des
» bandes de révoltés. La seconde ville du royaume
» semblait aussi être menacée ; et il n'a pas fallu
» un jour, il n'a fallu que quelques heures, quelques
» hommes de cœur , pour rétablir l'ordre , pour
» mettre presque par-tout en pleine déroute les
» hordes séditieuses. Puissent donc les secrets enne-
» mis de notre repos reconnaître dans un tel événe-
» ment, quelle est toute la force du gouvernement
» légitime que la Providence nous a rendu. Sa force
» est dans la fidélité et le courage de son armée,
» dans le dévouement et la vigilance de ses magis-
» trats , dans une justice prompte et inflexible
» envers les méchans qui abusèrent trop long-temps
» de sa clémence, dans l'amour de tous les bons
» Français, dans la paix et le bonheur qu'il s'efforce
» sans cesse de leur procurer : voilà les forces d'un
» bon Roi qui nous gouverne ; elles ne peuvent lui
» manquer ; elles sont invincibles. Avec elles,
» comme le jour chasse la nuit , comme le vent
» emporte les sables du désert , il fera disparaître
» les ennemis de son trône qui sont ceux de son
» peuple ; il les dispersera , les terrassera, en purgera
» la France, et en fera l'horreur de l'univers. »

---

Le 23 juin, la Cour prévôtale a jugé le nommé *Joseph Lourd*, dit *Deschamps*, âgé de 35 ans, cha-pelier à Brignais, accusé d'avoir fait partie de la bande armée qui a été organisée audit Brignais, et d'avoir-par-là participé à l'attentat dont le but était de détruire le Gouvernement, d'exciter les Français à s'armer contre l'autorité du Roi, et de porter le meurtre et de pillage dans tous les lieux où l'insurrection se manifesterait.

Joseph Lourd, *dit* Deschamps, a été convaincu d'avoir fait partie de cette bande, et a été con-damné à la peine de mort. La Cour a ordonné que l'exécution aurait lieu sur la place publique de Brignais.

Le condamné a été transféré le 24 juin à Brignais, et y a subi son supplice.

————————

Par arrêt de la Cour Prévôtale du Rhône, séant à Lyon, du 30 juin 1817, rendu en dernier ressort, et sans recours en cassation,

1.º Les nommés *Jean - Baptiste Fillion*, âgé de 23 ans, chapelier; *Laurent Colomban*, âgé de 26 ans, chapelier; et *Christophe-Andéol Desgranges*, âgé de 35 ans, aussi chapelier, tous les trois natifs de Saint-Andéol, y domiciliés, convaincus *d'avoir concerté* l'attentat qui, dès le 8 juin au soir, a été commis, soit à Lyon, soit dans beaucoup de communes du département du Rhône, et qui ne se manifesta à Saint-Andéol que dans la matinée du 9 juin; attentat dont le but était de détruire ou de changer le Gouvernement, d'exciter les Français à s'armer contre l'autorité du Roi, et de porter la dévastation, le massacre et le pillage dans les lieux où l'insurrection éclaterait, et *d'avoir participé* audit attentat; savoir : *Jean-Baptiste Fillion* et *Laurent Colomban*, en faisant partie de la bande armée qui sortit ce jour-là de Saint-Andéol pour marcher contre Lyon; et *Christophe - Andéol Desgranges*, en acceptant et remplissant une mission relative à icelui;

Ont été condamnés à la peine de mort, en exécution des articles 87, 88 et 91 du Code pénal.

Il a été ordonné qu'ils seraient exécutés dans la commune de Saint-Andéol, au lieu dit les *Echirés*, où la bande armée avait stationné;

2.º Les nommés *Claude Guillot* père, âgé de 45 ans, chapelier; *François Charvin*, âgé de 31 ans, chapelier; *François Desgranges* dit *le Gros*, âgé de 41 ans, chapelier; *Andéol Milliet*, âgé de 24 ans, cultivateur; *Jean - Antoine Champin*, fils aîné, âgé de 25 ans, chapelier; *Andéol Colomban*, âgé de 22 ans, chapelier; et *Alexandre Guillot*, âgé de 31 ans, chapelier; tous natifs de St.-Andéol, y domiciliés, convaincus *d'avoir fait partie* de la bande armée qui fut levée et organisée à Saint-Andéol, sans néanmoins avoir eu connaissance de l'attentat dont il s'agit, et d'avoir, *non - seulement* par leurs avis et leurs discours, mais encore par des faits et des actions très-caractérisées, provoqué directement au renversement de l'Autorité royale et du Gouvernement;

Ont été condamnés à la peine de la déportation, en exécution de l'art. 1.er de la loi du 9 novembre 1815.

3.º Les nommés *Jean-Pierre Champin*, fils, âgé de 18 ans, chapelier; et *Jean-Etienne Targe*, âgé de 19 ans, aussi chapelier; natifs de Saint-Andéol, y domiciliés, *convaincus seulement*, ayant fait partie de la bande armée de Saint-Andéol, sans avoir eu connaissance dudit attentat, *d'avoir fait résistance* avec violence et voies de faits envers le Maire et l'Adjoint de ladite commune;

Ont été condamnés à la peine des travaux forcés pendant cinq ans, à une heure d'exposition au carcan, et solidairement avec les susnommés au remboursement des frais de la procédure, en exécution des articles 209, 210, 22, 36 et 55 du Code pénal.

*Nota.* Le 1.er juillet, les individus condamnés à la peine capitale, ont été exécutés dans la commune de Saint-Andéol, au lieu dit *Echirès*, à onze heures du matin.

---

Par arrêt de la Cour Prévôtale du Rhône, séant à Lyon, en date du 4 juillet 1817, rendu en dernier ressort, et sans recours en cassation,

1.º Le nommé *Jean-François Déchet*, âgé de 23 ans, tailleur de pierres, domicilié à Charnay, où il est né, convaincu *d'avoir fait* partie de la bande armée qui a été levée et organisée à Charnay au son de la cloche, dans la soirée du Dimanche 8 juin dernier; d'avoir rempli un emploi dans cette bande, qui sortit ce jour-là de Charnay pour marcher contre Lyon, et *d'avoir participé par-là* à l'attentat qui a été commis, soit à Lyon, soit dans beaucoup d'autres communes du Département, dont le but était de détruire ou de changer le Gouvernement, d'exciter les Français à s'armer contre l'autorité du Roi, et de porter la dévastation, le massacre et le pillage dans les lieux où l'insurrection aurait éclaté;

A été condamné à la peine de mort, en exécution des articles 87, 88, 91 et 97 du Code pénal.

Il a été ordonné qu'il serait exécuté sur la place publique de Charnay, où l'insurrection avait éclaté, et où la bande armée avait été levée et organisée.

2.º Les nommés *Jean Bocuse*, âgé de 33 ans, tonnelier, demeurant à Charnay, où il est né; *Laurent Charbonnay*, âgé de 33 ans, propriétaire-cultivateur, habitant à Charnay, natif de Marcy, convaincus, savoir : le premier, *d'avoir fait* partie de la bande armée qui fut levée et organisée à Charnay, sans néanmoins avoir eu connaissance de l'attentat dont il s'agit; et le second, *d'avoir accepté et rempli* une mission du chef des séditieux, pour faire sonner le tocsin à la commune d'Alix, et *d'avoir l'un et l'autre*, non-seulement par leurs cris et leurs discours, mais encore par des faits et des actions très-caractérisées, soit à Charnay, soit à Alix, *provoqué* directement au renversement du Gouvernement;

Ont été condamnés à le peine de la déportation, en exécution de l'article premier de la loi du 9 novembre 1815.

3.º *Benoît Montalant*, âgé de 25 ans, vigneron-domestique, domicilié au hameau de Bayère, commune de Charnay, natif de Saint-Maurice, canton de Givors, convaincu, ayant fait partie de ladite bande armée, sans néanmoins avoir eu connaissance de l'attentat sus-mentionné, *d'avoir fait* résistance avec violence et voies de fait euvers le garde-champêtre de la commune de Charnay, dans l'exercice de ses fonctions;

A été condamné à la peine des travaux forcés pendant cinq ans, à une heure d'exposition au carcan, et solidairement avec les autres condamnés, au remboursement des frais de la procédure, en exécution des articles 209, 210, 22, 36 et 55 du Code pénal.

*Nota.* Le 5 juillet, le condamné à la peine de mort a subi son supplice sur la place publique de Charnay, à onze heures du matin.

———

PAR arrêt de la COUR PRÉVÔTALE du Rhône, séant à Lyon, en date du 17 juillet 1817, rendu en dernier ressort, et sans recours en cassation.

1.º Le nommé *François Oudin*, âgé de 39 ans, adjudant-major dans l'ex-11.<sup>me</sup> régiment de dragons, en demi-solde, natif de Condrieux, demeurant à St-Genis-Laval, convaincu *d'avoir été l'un des agens* de l'attentat qui, projeté depuis long-temps, a été commis dans la soirée du dimanche 8 juin dernier, soit à Lyon, soit à St-Genis-Laval, et dans plusieurs autres communes du département du Rhône ; attentat dont le but était de détruire ou de changer le Gouvernement, d'exciter les Français à s'armer contre l'autorité du ROI, et de porter la dévastation, le massacre et le pillage dans les lieux où l'insurrection éclaterait, et *d'avoir participé directement* à cet attentat, en levant et organisant à St-Genis-Laval la bande armée qui s'y est réunie ce jour-là, à la tête de laquelle il a marché d'abord sur Lyon, et ensuite sur Brignais ;

A été condamné à la peine de mort, en exécution des articles 87, 88 et 91 du Code pénal.

2.º *Pierre Dumont*, âgé de 16 ans et demi, apprenti maréchal, demeurant à St-Genis-Laval, où il est né, convaincu *d'avoir fait volontairement partie du rassemblement armé* qui se forma à St-Genis-Laval le 8 juin au soir, et *d'avoir à cette occasion porté* le pistolet sur la gorge de M. le Curé d'Irigny et du garde champêtre de cette Commune, au moment où ils étaient emmenés prisonniers sur la place de St-Genis par la bande des rebelles d'Irigny, en leur disant, tant à l'un qu'à l'autre: *coquin, crie vive l'Empereur, où je te tue ;* ce qui constitue de la part de Pierre Dumont une tentative d'assassinat ;

( 65 )

A été condamné aussi à la peine de mort ; en exécution des articles 2, 296, 297, 302 du Code pénal.

3.º Les nommés Gaspard Berger, âgé de 48 ans, tisserand et sonneur de St-Genis-Laval, où il est né et domicilié ; Jean Poy, ci-devant boulanger, aujourd'hui imprimeur sur papier peint, domicilié à St-Genis-Laval, où il est né ; François Guillermain, *dit Lamêche*, âgé de 25 ans, cordonnier, natif de St-Genis-Laval, y domicilié, et Denis Bauchut, âgé de 42 ans, propriétaire-cultivateur, demeurant à St-Genis-Laval, où il est né ; convaincus *d'avoir les uns et les autres*, à *l'occasion* de l'insurrection qui a éclaté à St-Genis-Laval le dimanche 8 juin, non-seulement par leurs cris et leurs discours, mais encore par des actions et des faits très-caractérisés de leur part, *provoqué directement* au renversement du Gouvernement légitime;

Ont été condamnés à la peine de la déportation, en exécution de l'article premier de la Loi du 9 novembre 1815.

Enfin tous les sus-nommés ont été condamnés solidairement à payer à la veuve Guinand, mère du malheureux gendarme qui fesait partie de la force armée envoyée à la poursuite des rebelles qui étaient réunis à St-Genis-Laval, et qui a reçu de leur part une blessure, par suite de laquelle il est mort, la somme de 3000 francs ; indemnité qui lui a été accordée pour lui tenir lieu des secours qu'elle avait le droit d'attendre de son fils.

Nota. *Les condamnés à la peine capitale ont été exécutés sur la place publique de St-Genis-Laval, le 18 juillet 1817, à dix heures du matin, conformément à l'arrêt précité.*

----

Par arrêt de la Cour Prévôtale du Rhône, séant à Lyon, en date du 28 juillet 1817, rendu en dernier ressort, et sans recours en cassation,

1.º Les nommés Louis Tavernier, âgé de 39 ans, marchand de bois et tuilier, natif de la commune

5

de Quincieux, où il est domicilié; et Claude Nesme, âgé de 42 ans, aubergiste et pêcheur, domicilié à St-Bernard, canton de Trévoux, département de l'Ain, natif d'Anse, convaincu *d'avoir été l'un et l'autre agens* de l'attentat qui, projeté depuis long-temps, a été commis le 1.er juin dernier, et plus ouvertement le 8 du même mois, soit à Lyon, soit à Ambérieux, et dans plusieurs autres communes du département du Rhône; attentat dont le but était de détruire ou de changer le Gouvernement, d'exciter les citoyens à s'armer contre l'autorité du Roi, et de porter la dévastation, le massacre et le pillage dans tous les lieux où l'insurrection se serait manifestée, et d'avoir participé directement à cet attentat en se réunissant aux bandes armées qui se sont formées à Ambérieux lesdits jours 1.er et 8 juin;

Ont été condamnés à la peine de mort, en exétion des articles 87, 88 et 91 du Code pénal.

Il a été ordonné qu'ils seraient exécutés sur la place d'Anse, à la tête méridionale du pont; mais il a été sursis à cette exécution, la Cour ayant usé à leur égard de la faculté qui lui est donnée par l'article 46 de la Loi du 20 décembre 1815, et l'article 595 du Code d'instruction criminelle.

2.° Le nommé Jean-Joseph-Marie Soubry, âgé de 63 ans, ex-ouvrier en soie, depuis deux ans garde particulier de M. de Fétan, ancien militaire, domicilié à Anse, natif de Lyon, convaincu de *s'être rendu*, à l'occasion dudit attentat, ayant connaissance d'icelui, *coupable* non-seulement par ses discours, mais encore par des faits et des actions très-caractérisées, de provocations directes au renversement du Gouvernement légitime;

A été condamné à la peine de la déportation, en exécution de l'article premier de la Loi du 9 novembre 1815.

3.° Le nommé Jean Rampon, âgé de 60 ans, cultivateur, domicilié à Ambérieux, natif des Etoux près de Boget, département du Rhône, convaincu d'avoir, sans contrainte, fourni dans sa maison un

lieu de réunion à la bande séditieuse qui s'est formée le 8 juin à Ambérieux, pour l'exécution dudit
attentat, de laquelle bande ledit Rampon connaissait bien le but et le caractère, puisqu'il a été fait
chez lui un drapeau tricolore, et qu'il a lui-même
armé un des séditieux ;

A été condamné aux travaux forcés pendant cinq
ans, et à une heure d'exposition au carcan, en exécution des articles 99, 22 et 36 du Code pénal.

4.º Enfin, le nommé Jean Leprieur, âgé de 27
ans, garçon perruquier, domicilié à Lyon, natif
de la commune de Villadiat, département de la
Creuse, qui avait reçu et accepté à Lyon, des
chefs de la conspiration, la mission de faire insur-
ger les communes d'Ambérieux et d'Anse, de prendre le commandement des rebelles de ces communes et de celles environnantes, et de marcher à
leur tête sur Lyon ; qui s'était rendu à Ambérieux
dans la nuit du samedi au dimanche 8 juin pour
y remplir cette mission, et qui avait par-là participé directement à l'attentat dont il s'agit, a été
déclaré néanmoins exempté de la peine capitale
qu'il avait encourue, parce qu'il a fait à la Justice
des révélations utiles qui ont procuré l'arrestation
de plusieurs des auteurs ou complices de la conspiration, d'après l'article 108 du Code pénal.

Jean Leprieur a été seulement condamné à demeurer pendant toute sa vie sous la surveillance
spéciale de la haute-police.

---

PAR arrêt de la COUR PRÉVÔTALE du Rhône,
séant à Lyon, rendu par contumace, le 7 août 1817,
Les nommés *Jean-Baptiste Cœur*, soldat retraité,
*Bertholat*, ancien militaire, et *Bouvier*, dragon
retraité, natif de Lyon, domiciliés à St-Genis-Laval,
*Roch Raymond*, officier retraité, domicilié à Brignais ;
*Jean Vernet*, cordonnier et ex-garde champêtre,
domicilié à Irigny ; *Claude Garlon*, ancien militaire,
domicilié à Cyvrieux ; *Gaspard Fantet*, propriétaire

et maire de Millery pendant l'interrègne ; *Matthieu Baronnier*, aussi propriétaire et adjoint du maire de Millery à la même époque, et *Thibaudier fils*, ex-gendarme, domicilié à Millery ; *Antoine-Marie Lepin* père, épicier, de Bully ; *Jean-Marie Chermet*, de Savigny, ancien officier des partisans ; *Dyonnet*, chapelier à l'Arbresle ; *Henry Riboulet*, propriétaire, et *Pierre-Marie Brancial*, aussi propriétaire, domiciliés à St.-Germain-sur-l'Arbresle ; *Aimé Barret*, ancien militaire, demeurant à St.-Andéol, et maire pendant les cent jours de l'interrègne ; et enfin le nommé *Vernay*, domicilié à Lyon, au bout de la rue Ferrandière, n.º 20, ancien officier, et en dernier lieu agent de commerce, tous contumax ;

Convaincus d'avoir été les agens directs de l'attentat qui a été commis le 8 juin dernier dans le département du Rhône, dont le but était de détruire ou de changer le Gouvernement, d'exciter les Français à s'armer contre l'Autorité royale, et de porter la dévastation, le massacre et le pillage dans les lieux où l'insurrection éclaterait, avec les circonstances,

1.º Contre Cœur, Bouvier et Bertholat : qu'ils ont été du nombre des chefs de la bande armée levée et organisée à St.-Genis-Laval dans la soirée du 8 juin dernier, et qui, réunie aux bandes de Brignais et d'Irigny, devait se diriger sur Lyon ; qu'ils se sont introduits dans la caserne de la gendarmerie, et y ont enlevé des armes et deux chevaux ; qu'ils ont tiré un coup de pistolet sur le brigadier de la gendarmerie, dont il a été atteint à l'épine du dos.

2.º Contre Roch Raymond : qu'il a été chef de la bande armée qu'il a levée à Brignais le 8 juin, pour se porter à Lyon avec les bandes d'Irigny et de St-Genis-Laval ; qu'il a résisté à l'Autorité avec violences et menaces, et qu'il s'est fait délivrer du vin et de subsistances pour les bandes de Brignais et de Saint-Genis-Laval, au moment où elles étaient réunies à Brignais.

3.º Contre Jean Vernet : qu'il a été chef de la bande armée d'Irigny, laquelle se rendit à St-Genis-

Laval pour se réunir auz bandes de Brignais et de St-Genis-Laval ; qu'il a arrêté et emmené de force, et avec violence, M. le Curé d'Irigny, à la tête de sa bande et entre deux fusiliers ; qu'il a retenu ce digne pasteur en charte privée à St-Genis-Laval , et qu'il a tiré un coup de pistolet sur 'e gendarme Guinand, dont il a été blessé , et qui est mort par suite de sa blessure.

4.º Contre Claude Garlon : qu'il a été chef de la bande armée qu'il a lévée et organisée à Charnay, le 8 juin ; qu'il a fait désarmer et maltraiter le garde champêtre de la commune de Charnay , qui s'opposait à ses desseins ; qu'il a fait enfoncer la porte du domicile de ce garde , et l'a livré au pillage ; qu'il a fait arrêter le maire de Charnay, qu'il l'a retenu prisonnier et emmené de force à la suite de sa bande.

5.º Contre Gaspard Fantet et Matthieu Baronnier : qu'ils ont été chefs de la bande armée qui s'est formée à Millery dans la nuit du 8 au 9 juin ; qu'ils ont voulu se faire reconnaître maire et adjoint, comme ayant exercé ces fonctions pendant les cent jours de l'interrègne , et se faire délivrer par le Maire actuel les archives de la mairie ; qu'ils ont usé de menaces et de violences pour se faire remettre , à onze heures du soir, les clefs de l'église et du clocher, afin de sonner le tocsin ; qu'ils ont retenu prisonniers pendant toute la nuit , deux membres du conseil mnnicipal et le garde champêtre ; qu'ils ont attaqué le Maire , l'Adjoint et quelques individus réunis à eux , et qu'ils ont engagé pendant toute la nuit un combat avec eux, à l'occasion duquel il a été tiré quatre-vingts coups de feu de part et d'autre.

6.º Contre *Thibaudier fils* , ex - gendarme : *qu'il* a eu un commandement dans la bande armée de Millery , et a participé aux excès qu'elle commit.

7.º Contre *Antoine-Marie Lepin* père , *Dyonnet* et *Pierre – Marie Brancial* : *qu'ils* ont été chefs des bandes armées levées à Bully et à Saint-Germain-sur-l'Arbresle ; *qu'ils* ont publié et affiché à Bully ,

une proclamation annonçant le changement du Gouvernement et le retour effectué de l'usurpateur ;
*qu'ils* ont fourni des armes et des cocardes tricolores
aux rebelles ; *qu'ils* ont dirigé ces rebelles, 1.º au
domicile du sieur Palmier, adjoint du Maire de St-
Germain, où ils ont volé pour une somme de
891 francs 50 cent., tant en argent, bijoux, qu'effets et denrées, y compris 7 francs 50 cent. en argent, et la valeur d'un mouchoir et d'un couteau
volés à la bergère du sieur Palmier ; 2.º au domicile de M. Philippe, curé de Chessy, où ils ont
volé, tant à lui qu'à Paul Sonnérie son neveu, ou
brisé des meubles et effets pour une valeur de
650 francs.

8.º Contre *Henri Riboulet : qu'il* a été l'un des
chefs de la bande armée de Saint-Germain, et qu'il
a participé au pillage commis chez le sieur Palmier,
de Saint-Germain, et chez M. le Curé de Chessy.

9.º Contre *Aimé Barret : qu'il* a été chef de la
bande armée qui se forma à Saint-Andéol le 9 juin,
et qu'il a fourni et distribué des armes et des cocardes aux rebelles sous ordres.

10.º Contre le nommé *Jean-Marie Chermet*, ancien officier des partisans : *qu'il* a été chef de la
bande armée qu'il a levée et organisée à Savigny, et
qu'il a fait fouler aux pieds les armes de France.

11.º Contre le nommé *Vernay ; qu'il* a été l'un
des membres du comité formé à Lyon, pour com-
biner l'attentat qui a été commis, et pour recher-
cher et choisir dans les diverses communes du département du Rhône, les chefs des bandes armées
qui ont été levées et organisées, lequel a donné des
instructions et des ordres qui ont été exécutés, notamment par *Valençot*, *Tavernier*, *Garlon*, *Oudin*, etc.

Ont été condamnés à la peine de mort, en exécution des articles 87, 88 et 91 du Code pénal.

Les nommés *Chambon*, cordonnier, de Saint-
Genis-Laval ; *Jean Favre*, maçon ; *Fleury Gilbertier* dit *Chilliet*, cultivateur ; *Jean Poutier*, fils aîné,
cultivateur et ex-militaire, domiciliés à Irigny ; *Louis*

*Guillot*, domestique du sieur *Alattante*, à *Charnay*; *François Perret*, de *Savigny*; *Pacaud* dit *Clapet*, cultivateur, de Saint-Germain-sur-l'Arbresle; *Pierre Fillion*, militaire retraité, et *Perrachon*, fils aîné, soldat de l'ex-garde, domiciliés à Saint-Andéol, et le nommé *Delique*, de Vaize, faubourg de Lyon; tous contumax, convaincus *d'avoir*, à l'occasion dudit attentat et ayant fait partie des bandes armées levées et organisées, soit par leurs avis, leurs discours et leurs cris, soit pas des faits et des actions très-caractérisées de leur part, *provoqué directement* au renversement de l'Autorité royale et du Gouvernement;

Ont été condamnés à la peine de la déportation, en exécution de l'article 1.er de la loi du 9 novembre 1815.

Les nommés *Jacques Dumont* et *Joseph Michallon*, de Brignais, contumax, convaincus *d'avoir fait* partie de la bande armée qui fut levée et organisée dans ce bourg le 8 juin, et *d'avoir*, à cette occasion, *commis* un crime de rebellion envers l'autorité administrative;

Ont été condamnés aux travaux forcés pendant cinq ans.

Enfin les nommés *Accarie*, de Savigny; *Claude Giraud*, manœuvre, et *Vincent Massande*, de Bully, contumax, convaincus *d'avoir*, à l'occasion dudit attentat, et ayant fait partie de la bande armée qui fut levée et organisée à Bully le 8 juin, *commis* des actes séditieux, soit en invoquant le nom de l'usurpateur et d'un individu de sa famille, soit en enlevant et dégradant le drapeau blanc et foulant aux pieds les armes de France;

Ont été condamnés par voie de police correctionnelle; savoir : le nommé *Accarie* à un emprisonnement de cinq ans; *Claude Giraud* et *Vincent Massande*, à un emprisonnement de trois ans, et chacun en 50 francs d'amende.

Ils ont été aussi condamnés tous les trois à demeurer après l'expiration de feur peine, pendant cinq ans sous la surveillance de la haute-police, et sous un cautionnement de bonne conduite, de 500 francs chacun; le tout en exécution des articles 5, 7, 10 et 12 de la loi du 9 novembre 1815.

Il a été ordonné, à l'égard des individus ci-dessus, condamnés à la peine capitale et aux travaux forcés à temps, qu'à la diligence du Procureur du Roi, extrait du présent Arrêt, pour ce qui les concerne, serait dans les trois jours, affiché par l'exécuteur des jugemens criminels, à un poteau qui serait planté au milieu de l'une des places publiques de la ville chef-lieu de l'arrondissement où le crime a été commis, en exécution de l'article 472 du Code d'instruction criminelle.

Il a été enfin ordonné que les biens de tous les condamnés ci-dessus seraient, à partir de l'exécution du présent Arrêt, considérés et régis comme biens d'absent ; à l'effet de quoi, extrait dudit Arrêt serait adressé par le Procureur du Roi au directeur des domaines et droits d'enregistrement du domicile des condamnés, en exécution de l'article 471 du même Code.

Par le même Arrêt, la Cour Prévôtale prononçant sur les restitutions civiles,

A condamné solidairement *Lepin* père, *Chermet*, *Dyonnet*, *Riboulet* et *Brancial*, chefs de bandes qui ont pillé la maison du sieur Palmier, adjoint du maire de Saint-Germain, et le domicile de M. George Philippe, curé de Chessy, à payer, savoir : au sieur Palmier 1.º la somme de 881 fr. 50 c., à laquelle la Cour a arbitré la valeur de l'argent en espèces, effets et subsistances enlevés de son domicile, y compris 10 fr. 50 c. pour les objets enlevés à la bergère du sieur Palmier, consistant en un mouchoir et un couteau, et en 7 fr. 50 c. en espèces ; 2.º la somme de 220 fr. pour les dommages-intérêts qui lui sont attribués par l'article 51 du Code pénal : et à M. George Philippe, curé de Chessy, 1.º la somme de 625 fr., à laquelle la Cour a fixé la valeur des meubles et effets volés ou brisés dans son domicile, et l'argent en espèces enlevé, soit à lui, soit à son neveu ; 2.º 161 fr. pour les dommages-intérêts que la loi lui attribue.

La Cour les a encore condamnés solidairement avec *Claude Giraud*, à restituer au Curé de la commune de Bully, la somme de 26 fr. que ledit *Claude Giraud*, appuyé de la bande, s'est fait compter par violence et sans cause légitime, et celle de 6 fr. 50 c. pour dommages-intérêts.

Enfin, la Cour, sur la demande de la veuve *Guinand*, a déclaré commun et exécutoire contre *Cœur*, *Bertholat* de St-Genis ; *Roch Reymond* de Brignais ; et contre *Vernet*, *Favre*, *Poutier* et *Gilbertier* dit *Chilliet*, d'Irigny, l'Arrêt de la Cour du 17 juillet dernier, qui adjuge à cette veuve la somme de 3000 fr. à titre de dommages-intérêts, à raison de la privation des secours qu'elle avait droit d'attendre de Guinand son fils, gendarme, mort par suite du coup de feu qu'il reçut à St-Genis de la part des rebelles ; en conséquence, la Cour les a condamnés solidairement à payer à la veuve Guinand ladite somme de 3000 fr., etc. etc.

----

PAR Arrêt de la COUR PRÉVOTALE du Rhône, séant à Lyon, en date du 13 août 1717, rendu en dernier ressort, et sans recours en cassation,

1.º Les nommés *Jean-Pierre Gervais* dit *Culat*, âgé de 35 ans, vigneron et bennier, natif et habitant de Millery ; *Paul Decrose*, âgé de 48 ans, vigneron, natif et habitant de Millery ; *François Favier* dit *Prince*, âgé de 38 ans, cultivateur, domicilié et né à Millery ; *Fleury Brottet*, âgé de 41 ans, tailleur de pierres, natif de Millery, y habitant ; et *Jean Luquet*, âgé de 40 ans, vigneron, demeurant à Millery, où il est né ; *convaincus d'avoir fait* partie de la bande armée qui a été levée et organisée à Millery dans la nuit du 8 au 9 Juin dernier, pour l'exécution d'un complot qui était projeté depuis long-temps, dont le but était de renverser le Gouvernement, d'exciter les Français à s'armer contre l'Autorité du Roi, et de porter la dévastation, le massacre et le pillage dans les lieux où l'insurrection éclaterait, et *d'avoir* à cette occasion, soit par leurs cris et leurs discours, soit par des faits et des actions très-caractérisées, *provoqué directement* au renversement de l'Autorité Royale et du Gouvernement;

Ont été condamnés à la peine de la déportation, en exécution de l'article premier de la Loi du 9 novembre 1815.

2.º Les hommes *Odet Potin*, âgé de 41 ans, vigneron, domicilié et né à Millery; *Jean Champin*, âgé de 43 ans, natif de Condrieux, cultivateur, domicilié à Millery; *Etienne Gervais* dit *Patin*, âgé de 51 ans, vigneron, natif et habitant de Millery; *Etienne Guinand*, serrurier, âgé de 26 ans, natif et habitant de Millery; *Antoine Saillard*, âgé de 60 ans, jardinier, militaire retraité, natif de Genay, domicilié à Millery; et *Matthieu Jumeau*, âgé de 19 ans, cordonnier, domicilié à Millery, où il travaille, natif d'Oullins, convaincus d'avoir fait partie de ladite bande armée, et d'avoir, à cette occasion, commis des actes séditieux, en invoquant le nom de l'usurpateur, et en arborant la cocarde tricolore;

Ont été condamnés par voie de police correctionnelle, savoir: les nommés Odet Potin, Jean Champin et Etienne Gervais *dit* Patin, à un emprisonnement de cinq ans, et à une amende de 100 fr. chacun; le nommé Etienne Guinand, à un emprisonnement d'un an, et à une amende de 50 fr.; les nommés Matthieu Jumeau et Antoine Saillard, à un emprisonnement de six mois, et à une amende de 50 fr. chacun : ce dernier a été condamné en outre à être privé de la moitié de son traitement de retraite pendant une année.

Enfin, il a été ordonné qu'après l'expiration de leur peine, les condamnés ci-dessus à la peine d'emprisonnement, demeureraient pendant cinq ans sous la surveillance de la haute-police du Gouvernement, et qu'ils fourniraient à cet effet une caution solvable de bonne conduite, de la somme de 500 fr. chacun ; le tout en exécution des articles 5, 7, 10 et 12 de ladite Loi du 9 novembre 1815, etc. etc.

———————

Par Arrêt de la Cour Prévôtale du Rhône, séant à Lyon, en date du 22 août 1817, rendu en dernier ressort, et sans recours en cassation ;

1.º Le nommé *Pierre Dautant* dit *Lescarpin*, âgé de 25 ans, cultivateur, natif et habitant d'Irigny, convaincu d'avoir fait partie de la bande armée qui a été levée à Irigny dans la soirée du dimanche 8 juin dernier, laquelle marcha sur St.-Genis-Laval, et se réunit aux autres bandes armées levées à St.-Genis-Laval et Brignais, pour l'exécution d'un complot qui était projeté depuis long-temps, dont le but tendait à renverser le Gouvernement, à exciter les Français à s'armer contre l'Autorité du Roi, et à porter la dévastation, le massacre et le pillage dans les lieux où la révolte aurait éclaté ; comme aussi d'avoir à cette occasion, soit à Irigny, soit à Brignais et à St.-Genis-Laval, non-seulement par ses avis, ses cris et ses discours, mais encore par des faits et des actions très-caractérisées, provoqué directement au renversement de l'Autorité Royale et du Gouvernement ;

A été condamné à la peine de la déportation, en exécution de l'article premier de la Loi du 9 novembre 1815.

2.º *Pierre Guillot* père, âgé de 68 ans, propriétaire, domicilié et né à Irigny ; *Jean Dama* le jeune, âgé de 46 ans, propriétaire-cultivateur, habitant au hameau de la Combe, commune d'Irigny, où il est né ; *Benoit Jaricot*, âgé de 22 ans, charpentier, natif et habitant d'Irigny ; *Antoine Clamaron*, âgé de 25 ans, cultivateur, domicilié et né à Irigny ; *Justinien Lhopital* fils, dit *Granger*, âgé de 23 ans, vigneron, habitant à Irigny, où il est né ; *Jean-*

*Antoine Haniquin*, âgé de 32 ans, équarisseur, natif de Lyon, où il demeure, dans la rue St-George, n.º 122.; *Joseph Poisat*, âgé de 17 ans, maçon, domicilié et né â Irigny ; enfin *Pierre Guy*, âgé de 36 ans, pontonnier du port d'Irigny, y demeurant, convaincus d'avoir fait partie desdites bandes armées, levées et organisées, et de s'être rendus, à l'occasion de l'attentat dont il s'agit, coupables d'actes séditieux ;

Ont été condamnés, par voie de police correctionnelle, savoir : Pierre Guillot père, Jean Dama le jeune, et Benoît Jaricot, à un emprisonnement de deux années, et à une amende de 200 francs chacun ;

Antoine Clamaron, Justinien Lhopital, et Jean-Antoine Haniquin, à un emprisonnement d'un an, et à une amende de 100 fr. chacun ;

Joseph Poisat, à un emprisonnement de six mois, et Pierre Guy, à un emprisonnement de trois mois, et chacun à une amende de 5o francs.

Enfin il a été ordonné qu'après l'expiration de leur peine, ces condamnés à l'emprissonnement demeureraient pendant cinq ans sous la surveillance de la haute-police, et qu'ils fourniraient à cet effet une caution solvable de bonne conduite, de 3oo fr. chacun ; le tout en exécution des articles 5, 8, 10 et 12 de ladite Loi du 9 novembre 1815, etc. etc.

---

La Cour Prévôtale du Rhône, séant à Lyon, a rendu l'arrêt suivant le 10 septembre.

Vu le Jugement de compétence rendu par la Cour le 4 septembre présent mois, portant accusation,

Contre, 1.º *Pierre Berthaud* dit *Clavier*, âgé de 32 ans, cultivateur, demeurant à Savigny, où il est né ; 2.º *Simon Trevenet*, âgé de 38 ans, tisserand et cultivateur, natif et habitant de Savigny ; 3.º *Hubert Mouchetand*, âgé de 34 ans, tailleur d'habits, domicilié à Savigny, commune de Courzieux ; 4.º *Philippe Blanc*, âgé de 48 ans, boucher, domicilié à Savigny, natif de Brullioles ; 5.º *Barthelemi Granjeon*, âgé de 25 ans, menuisier, demeurant à Savigny, où il est né ; 6.º *François Coppier*, âgé de 28 ans, tailleur et militaire en retraite, domicilié et né à Savigny ; 7.º *Jean-Pierre Durdilli*, âgé de 28 ans, menuisier, domicilié et né à Savigny ; 8.º *Aimé Lestra* oncle, âgé de 38 ans, cultivateur, natif de Bibost, domicilié à Savigny ; 9.º *Jean Lestra* neveu, âgé de 23 ans, charcutier, natif et habitant de Savigny ; 10.º *Jean-François Cany*, manchot, âgé de 36 ans, sans profession, militaire retraité, habitant et natif de St-Bel ; 11.º *Claude Bizatton*, âgé de 51 ans, propriétaire-cultivateur, domicilié audit St-Bel, natif de Savigny ; 12.º *Jean Gros*, âgé de 33 ans, jardinier, habitant à Savigny, natif de Chasselay ; 13.º *Henri Mallet*, âgé de 22 ans, tisserand et barbier, natif de Chazay, y demeurant ; 14.º *François Delorme*, âgé de 20 ans, boucher, demeurant à Chazay où il est né ; 15.º *François Chappuis*, âgé de 30 ans, cultivateur, natif de Cyvrieux et domicilié à Chazay ; 16.º *Benoît Desgouttes*, âgé de 21 ans, cultivateur, habitant à Chazay, où il est né ; 17.º *Pierre-Philippe Rebut*, âgé de 17 ans et demi, natif de St-Jean-des-Vignes, domicilié à Chazay ; 18.º *Jean Boullon*, âgé de 17 ans, vigneron, domicilié à Chazey ; 19.º *Pierre Clunel* père, âgé de 63 ans, vigneron et tisserand, natif et habitant de Charnay ; 20.º *Jean-Claude Clunel* fils, âgé de 15 ans et demi, cultivateur, domicilié à Charnay, où il est né ; 21.º *Jean Guigoud* dit *Bugnet*, âgé de 50 ans, cordonnier, demeurant à Bully, où il est né ; 22.º et enfin *Benoît Berret*, âgé de 27 ans, tailleur de pierre, né et domicilié à St-Bel.

Tous accusés de participation à l'attentat qui a été commis dans le département du Rhône, dans les premiers jours du mois de juin dernier, dont le but était de renverser le Gouvernement, d'exciter les citoyens à s'armer contre l'autorité du Roi, et de porter la dévastation, le massacre et le pillage dans les lieux où l'insurrection éclaterait ; pour lequel attenlat il y a eu des bandes armées, levées et organisées, desquelles lesdits accusés ont fait partie.

Vu, etc. etc.

Attendu qu'il est constant que les mouvemens insurrectionnels du 8 juin dernier, qui furent le résultat d'un complot tendant à changer, à renverser le Gouvernement, donnèrent lieu à des actes de révolte et à des excès de tout genre sur le territoire qui embrasse les communes de Charnay, Chazay, Bully, Savigny, St-Germain-sur-l'Arbresle, Saint-Bel et Chessy; que ce territoire fut parcouru par des bandes armées, qui tout-à-coup y avaient été levées au son du tocsin.

Attendu qu'il est constant que les nommés Pierre Clunel, Henri Mallet, Bertaud *dit* Clavier, et Simon Trevenet, participèrent aux mouvemens insurrectionnels dont il s'agit, et se rendirent coupables d'actes criminels qui sont de leur part des faits de provocation directe au changement et au renversement du Gouvernement.

Attendu qu'il est constant que les nommés Hubert Mouchetand, François Delhorme, François Chappuis, Pierre Durdilli, Philippe Blanc, Pierre Rebut, Benoît Desgouttes, Jean Boullon, Jean Guigoud, Aimé Lestra oncle, et François Coppier, en participant auxdits mouvemens, se rendirent coupables d'actes séditieux de la nature prévue par les articles 5, 7, et 10 de la Loi du 9 novembre, 1815.

A l'égard de Jean-Claude Clunel, âgé d'environ 15 ans, considérant qu'il a agi sans discernement, et qu'il a été entraîné par l'exemple de son père aux actes qu'il a commis.

Quant à Benoît Berret, Jean Lestra neveu, Barthelemi Grangeon, et Jean Gros, considérant qu'il n'existe pas de preuves suffisantes de culpabilité contr'eux;

En ce qui concerne les nommés Cany et Bizatton, considérant qu'il n'est pas prouvé qu'ils aient pris une part ostensible aux crimes qui ont déterminé l'accusation portée contr'eux par M. le Procureur du Roi, mais que les débats de l'audience paraissent indiquer qu'ils avaient connaissance du projet de conspiration et de l'heure où il devait éclater, sans qu'ils en aient donné aucun avis ni fait aucune révélation aux autorités, quoique la loi leur en imposât l'obligation ;

PAR CES DIVERS MOTIFS, LA COUR PRÉVÔTALE jugeant en dernier ressort et sans recours en cassatione,

Déclare Pierre Clunel père, de Charnay; Henri Mallet, de Chazay ; Berthaud *dit* Clavier, de Savigny ; et Simon Trevenet, de ladite commune de Savigny, coupables de provocations directes au renversement du Gouvernement et au changement de l'ordre de successibilité au trône.

Déclare Hubert Mouchetand, François Delhorme, François Chappuis, Pierre Durdilli, Philippe Blanc, Pierre Rebut, Benoît Desgouttes, Jean Boullon, Jean Guigoud, Aimé Lestra oncle, et François Coppier, coupables d'actes séditieux.

Appliquant contr'eux, chacun en ce qui le concerne, les dispositions des articles 1, 5, 7, 8, 10 et 12 de la loi du 9 novembre 1815, l'article 17 de la Loi du 20 décembre suivant, et l'article 55 du Code pénal,

Condamne Pierre Clunel père, Henry Mallet, Berthaud *dit* Clavier, et Simon Trevenet, à la peine de la déportation.

Hubert Mouchetand, en deux ans d'emprisonnement et en 150 fr. d'amende.

François Delhorme, François Chappuis, Pierre Durdilli et Philippe Blanc, en un an d'emprisonnement et en 100 fr. d'amende chacun.

Pierre Rebut, Benoît Desgouttes, Jean Boullon, Jean Guigoud, Aimé Lestra oncle, et François Coppier, en six mois d'emprisonnement et chacun en 50 fr. d'amende.

Ordonne que Coppier sera privé pendant six mois de sa solde de retraite.

Ordonne que les sus-nommés, après avoir subi leur peine d'emprisonnement, resteront sous la surveillance de la haute-police du Gouvernement pendant cinq ans, sous un cautionnement de bonne conduite de cinq cents francs pour chacun.

Condamne enfin tous les susnommés, et solidairement, aux frais de la procédure.

Renvoie d'accusation Jean-Claude Clunel fils, Benoît Berret, Jean Lestra neveu, Barthelemy Granjon, et Jean Gros, et ordonne qu'ils seront sur-le-champ mis en liberté.

Renvoie également d'accusation les nommés Cany et Bizatton; mais attendu les circonstances rapportées dans le considérant qui les concerne, ordonne qu'ils resteront à la disposition de M. le Procureur du Roi.

Ordonne enfin que le présent Arrêt sera, à la diligence de M. le Procureur du Roi, exécuté dans les vingt-quatre heures, imprimé et affiché, conformément à la Loi.

----

Nota. On a rédigé, d'après des notes prises d'une manière aussi exacte qu'il est possible, les débats de l'affaire qui a occupé la Cour depuis le 25 octobre dernier, jusqu'au 2 novembre suivant. Si par hasard, malgré les soins qu'on a pris, quelques erreurs ou omissions, suite de la rapidité du travail, s'étaient glissées dans l'ouvrage que nous publions, nous nous empresserons de recevoir et d'insérer dans *le Conservateur Lyonnais* (*) toutes les réclamations raisonnables et fondées qu'on voudra bien nous adresser.

----

(*) Le Conservateur Lyonnais, ou annales des sciences, arts, littérature, économie rurale; ouvrage périodique qui paraît les 1.er et 15 de chaque mois.

On s'abonne chez Chambet, Libraire, rue Lafont.

----

A Lyon, de l'Imprimerie de Brunet, place St-Jean, n.° 3.